삶과 사랑 사랑과 삶함

김종영

구석의 구석 자리에 앉아도 바라보고 있으면

마음이 편해지는 얼굴 몇 포기를

가슴에 심어 두고 살고 싶다.

목차

청학동 원룸
다음
삶과 사랑 사람과 상황
편지를 써야겠어요
엄살
무던함
교환 환불이 어려운
대 환장 헛소리 파티
연락 한 통 하세요
말로 자란 사람
닿지 않아도
절망 덕에 살아남은
다정이 부서질 때면
검도처럼
봄의 요정
어쩔 수 없는 일도 어떻게든
이미
어금니와 크라운

청학동 원룸

"맥주를 이렇게 많이 마시는데 왜 몸무게는 줄기만 할까?"라는 나의 말에 H는 "종일 굶다 그것만 마시니까."라고 대답했다. 목젖까지 솟은 '맥주 한 캔에 칼로리가 얼만 줄이나 알아?' 하는 말은 삼켰다. 뭐랄까, 망가져 가는 내 삶에 잔소리 한마디 않고 있는 H. 그에게서 잔뜩 당긴 활시위와 같은 불안감이 느껴졌기 때문이다. 언제라도 줄을 놓을 것처럼 보였던 그에게 나를 과녁 삼을 빌미를 주고 싶지 않았다. 그때의 나는 잘못된 생활을 하고 있다는 건 자각하고 있었지만, 다른 사람의 충고를 받아들일 수 있을 만큼 유연하지 못했다. 나 또한 팽팽히 당겨져 언제 끊어질지 모르는 상태. 눈치가 빠른 나와 H는 서로의 줄을 살펴 가며 살금살금 살았다. 무기력했던 나는 주로 집에서, 활기찼던 H는 밖에서 시간을 보냈다. 그때의 우리는 함께 하지 않음으로 함께했다. 손대지 않음으로 서로를 보살폈다.

대학 신입생 때 기숙사에서 같은 과 동기로 만나 친해진 우리는 바로 다음 학기부터 한집에 살았다. 입대가 얼마 남지 않은 과 선배가 살던 반지하 원룸. 그곳에서 하룻밤을 자고 난 뒤 갑자기 결정된 일이었다. 우리의 "역시 원룸에 사는 게 편해." "기숙사는 너무 높고, 또 멀어." 하는 대화를 들은 선배가 "이 집 좋아. 싸고, 넓고. 겨울에 따뜻해." 하고 말하는 것에 홀려버린 것이다. 방을 물려받는 일은 마치 바통을 터치하는 것처럼 순식간에 이루어졌다. 돈을 어떻게 지불했는지조차 기억나지 않는다. 우리가 정신을 차렸을 때는 이미 그 초라한 반지하 단칸방의 6개월짜리 세입자가 되어버린 뒤였다.

짐 정리는커녕 먼지도 쓸어내지 않았던 그 더러운 방으로 이사했던 날. 우리는 선배가 선심 쓰듯이 두고 간 조그만 정사각형 밥상 앞에 앉아 삼겹살과 소주를 마셨다. 주방에서 삼겹살을 구운 뒤 사방에 튄 기름을 바로 닦아내지 않으면 어떤 대참사가 벌어지는지도 모르고 있을 때였다. 빨래 바구니가 없어서 커다란 이삿짐 상자에 빨래를 모아 세탁기를 돌렸다. 속옷과 운동복과 티셔츠와 양말과 수건과 청바지를 한 번에 빨았다. 심지어는 각자의 것도 분리하지 않았다. 어느 날인가 H는 아끼던 카디건이 줄어들었다며 우는소리를 했었는데, 보름 정도가 지난 후에 보니 바닥에 흘린 반찬을 훔치는 홀

룡한 걸레가 되어있었다. 정말 다행인 건, 나의 꼼데가르송 티셔츠가 행주로 남을 수 있었다는 것이다. 우리는 '몸만 깨끗하면 됐지.' 하는 위생 관념과 '목표에만 열심이면 생활은 대충이라도 그만'이라는 삶의 방식이 무척 잘 맞았다. 누구들은 함께 살면서 몇 번이고 싸우거나, 은연중에 앙금이 쌓여 결국 멀어지게 됐다고 하던데, 우리는 그 흔하다는 청소에 관한 다툼도 한번 없이 아주 잘 지냈다. 둘 중 누구도 청소에 발 벗고 나선 적이 없던 탓이었겠지만, 몇 개월을 함께 살며 작은 트러블조차 없었다는 건 꽤 신기한 일이다.

주말이면 요리를 하기 보다는 편의점에서 끼니를 때웠다. 쌀을 살 돈으로는 술을 사 마셨다. 그러다 보니 뒤돌아볼 틈도 없이 12월이 됐다. 그 시기의 우리는 거스를 수 없는 운명 탓에 정들었던 방과 서로를 떠나야만 했다. 그다음 해의 3월이면 나는

306 보충대로, H는 해병대 교육훈련단으로 적을 옮겨야 하는 것이 그 이유였다. 우리는 헤어질 때 "다시 또 같이 살자" 같은 예의상 할 법한 말 한마디도 하지 않았다. 말이 필요 없는 관계는 절대 없지만, 그때의 우리에게는 그 정도의 말은 필요로 하지 않았다. 살림을 모두 택배로 부치고 등짐만 하나 뗐던 나. 기내용 캐리어를 싸고 있던 H. 먼저 길을 나섰던 나는 그에게 "잘 지내." 하는 인사 한마디만을 남기고 고향으로 떠났다. 헤어질 때는 가장 들어줬으면 하는 말 만 뱉는 것이 좋다. 그 이상은 과욕이고, 참견이다. 어차피 다 기억하지도 못한다.

그 후 군 휴학과 일반 휴학을 더 해 3년의 시간이 지났다. 어색한 관계가 될 법도 한 긴 세월. 하지만 우리는 또 함께 살게 됐다. 물론, 흐른 세월이 적지 않아서 그렇게 결정하게 될 때까지는 꽤 다사

다난한 과정을 거쳤다. 다른 결과를 상상하지도 않았던 나와는 달리 H는 여러 상황을 고려했던 것이다. 그런데도 우리가 다시 동거할 수 있었던 건 나의 훌륭한 설득 덕이었다. 그 당시의 대화 전문은 아래와 같다.

"복학하지? 같이 살 거지?"
"방 구했냐?"
"청학동 원룸 살래?"
"거기 좋냐?"
"방 졸라 커."
"계약하고 계좌랑 금액 알려줘."

"거기 좋냐?"는 질문을 할 줄이야. 바로 "그래." 하는 대답이 튀어나올 줄 알았는데. 심지어 질문을 두 번이나 했다. 이렇게 어려운 남자였던가? 순탄치 않았던 과정이었지만, 나는 그를 설득하는 데 성공했다. 장장 30초씩이나 되는 긴 대화 끝에 원하는 결과를 쟁취해 낸 것이다. 대화 내용만 보아서는 농담 같겠지만, 나는 H가 해오는 질문들에 강한 위화감을 느꼈다. '좀 더 고민하고 싶어, 당장 썩 내키진 않아.'라는 의미를 담아 말꼬리를 늘리는 것을 단박에 눈치챌 수 있었으니까. 아마 나와 사는 것 자체에 대한 고민은 없었겠지만, 본인이 직접 가보지도 못한 집에 선뜻 들어가기에는 조금 겁이 나는 모양이었다. 물론 그건 내가 알 바가 아니어서, 아주 강한 어조로 가장 큰 장점 하나만을 언급했다. 그는 그저 날 믿고 따라준 것이고. 고맙게도.

　우리가 다시 함께 살게 된 집은 베란다에 주방이 있는, 주변의 어떤 자취방보다 넓은 원룸이었다. 게다가, 볕이 잘 드는 2층이었다. 세탁기가 들어가고도 바닥에 누울 수 있을 만큼 커다란 화장실, 책상 두 개와 침구 두 세트를 펼쳐 두어도 불편함 없이 걸어 다닐 수 있을 만큼의 거대한 생활공간. 다른 건물들에 비해 조금 깊은 골목에 자리 잡고 있어 귀가 시에 5분 정도를 더 걸어야 한다는 단점이 있었지만, 건장한 20대 남성(당시의 나는 176cm에 58kg이었지만) 둘에게는 그리 큰 문제가 아니었다. 게다가 나는 베란다의 유리창을 가득 채우는 푸르른 언덕의 풍경에 반해 그 방을 계약했기 때문에, 몇 걸음 차이 나지도 않는 거리 따위를 이유로 빽빽한 원룸들 사이에 있는 집에서 살 생각은 전혀 없었다. 조금 먼 나무 숲속과 가까운 빌라촌 중 하나를 고르라고 한다면 나는 지금도 고민 없이 전자를 고를 것이다.

우리는 학교에서 집으로 돌아오는 길이 먼 것에 대해 종종 투정하기는 했지만, 다른 곳보다 저렴한 가격에 크고 깔끔한 방을 얻은 것을 퍽 기껍게 여겼다. 문제가 있다면 새벽에도 울려 퍼지는 베이스 기타 소리 정도였지만, 예술대학 인근의 원룸 중에 그렇지 않은 방이 얼마나 있겠는가 하는 생각에 그 시끄러움을 가만히 내버려 두었다. 우리도 그렇게 고요하기만 한 이웃은 아니었으니까. 그러나, 베이스의 저음이 몇 시간 동안이나 건물의 골조를 울려대는 날에는, 대형 우퍼가 달린 스피커로 우렁찬 록과 댐핑이 끝내 주는 힙합을 틀어 화답해 주기도 했다.

종종 몇몇 입주민들이 미쳐 날뛰는 밤이 있었다. 개구리의 공명, 개과(科)의 하울링. 아무튼 개로 시작하는 것들과 한 지붕 아래 사는 것 같았다. 그중 가장 유력한 것은 아무래도 '개자식'이다. 그런 미친 밤에 그들은 꼭 '가장 시끄러운 원룸 대회'를 개최한 것처럼 보였는데, 각자 다른 소리를 내며 누가 더 신경을 거슬리게 하는 지를 경쟁했다. 게다가, 경기 시간이 더럽게 길어서 닭이 우는 새벽이 되어도 멈출 생각이 전혀 없어 보였다.

술 게임을 하며 목청껏 소리 지르는 방, 앰프 볼륨을 최대로 놓고 베이스를 연습하는 방, 메이플 스토리 로그인 음악을 밤새 틀어 놓는 방. 다른 자취방들과 떨어져 꼭 외딴섬 같던 청학동 원룸에서 벌어진 야간 생존권 전쟁. 그러나, 우리는 압도적으로 유리한 조건 속에서 싸웠다. 나는 어차피 못 자는 사람. H는 실제 전쟁통에도 잘 사람. 게다가 장비는 전문가용 스피커. 도저히 질 수 없는 전력을 가졌던 우리는 매번 승리했고, 결국 베이스 사나이의 방문 사과라는 전리품을 얻기에 이르렀다. 그는 그제서야 살고 있는 건물의 이름을 깨달은 모양이었다. 〈청학동〉. 한국 예절 교육의 상징.

그렇게 소란스럽고 유쾌한(?) 자취 생활을 이어 가던 어느 날. 나는 모종의 이유로 우울에 잠식되어 갔다. 모종의 어쩌고가 궁금하겠지만, 사실 그리 거창한 건 아니다. 짝사랑의 실패, 그 뒤에 만났던 연인과의 불화, 금전적 고비를 겪은 것, 향정신성 의약품이 바닥난 것, 그 외 기타 등등의 일들이 연속해 내게 몰아쳤을 뿐이다. 보통의 대학생이라면 모두 겪는 흔해 빠진 일. 그러나 환경에 유독 예민하게 반응했던 당시의 나에게는 심히 자극적인 것들뿐이었다. 몇 안 되는 자랑거리였던 이성은 고작 그 정도의 일들에 완전히 망가져 버려서 작동하지 않았다. 유일한 방어체계를 무너트린 망할 상황들은 나의 자아를 잠식했다. 주위에서 일어나는 좋지 않은 일들이 모두 나 때문에 벌어지는 것처럼 느껴졌다. 눈덩이처럼 굴러 굴러 불어나는 죄의식. 당시에는 집에 틀어박히는 것을 무균실에서 치료받는 일과 같이 생각했다. 상황에서 벗어나 나를 되찾기 위한 선택이라고 믿었다. 실상은 그저 유배. 죄책감을 덜기 위해 스스로 들어앉은 감옥. 나는 만기 출소를 앞둔 장기

복역수처럼 바깥이 두려울 뿐이었다. 또다시 어떤 상황을 맞이할지 알 수 없으므로.

베란다 바닥에 궁둥이를 붙이고 앉아서 주야장천 맥주를 마셨다. "집에서 지랄하지 말고 좀 나가." 하는 H의 말은 귓등으로도 듣지 않았다. 그는 여전히 나를 이전처럼 대했지만, 나는 나를 혼자 내버려 뒀으면 했다. 언덕에 걸쳐 있는 달을 바라본다던가, 우울한 피아노 연주곡을 듣는 중에는 말을 걸지 않아 줬으면 하는 바람이었다. 우리는 그런 마음을 직접 전해도 되는 사이였지만, 그때의 나는 그러지 않았다. 굳이 말하지 않아도 알아줄 거라고 생각했다. 다시 말하지만, 말이 필요 없는 관계는 없다.

몇 주고 반복된 한심한 삶. 별말 없이 그것을 지켜보던 H는 결국 내가 바라던 대로 행동해 주었다. 거의 하루 종일 집 밖을 나가지 않는 내게(졸업 학기의 나는 단 12학점을 들었다) 하루 한 통 정도의 간단한 안부 전화만을 남기고 밤늦게까지 집에 들어오지 않았다. 매일 술을 마시거나 축구를 하거나 공부를 하거나 다른 집에 놀러 가거나. 도저히 할 게 없다면 만들어서라도 한 뒤에 방으로 돌아왔다. 현관문을 열고 들어오며 옷을 훌훌 벗어낸 그는 간단한 샤워를 마치고 취해 있는 나와 담소를 나눴다. 그러고 난 뒤에는 금세 코를 골며 곯아떨어졌다. 그러고 나면 나는 또 베란다에 앉아 맥주를 마셨다. 항상 H의 배려가 고맙고 미안했다. 배려받는 것을 알고 있으면서 아무 말도 않고 있는 내가 한심했다. 일방적으로 도움을 받는다는 사실이 이겨내기 힘든 무력감을 불러왔다. 그 뒤로 나는 억지로라도 집을 나서려고 했다. 잘 되지는 않았지만, 내가 할 수 있는 최소한의 보답이고 배려라고 생각했다. 그때부터 우리는 팽팽해진 상태로 서로를 배려했다. 놓을 듯 놓지 않는 서로를 겨눈 활. 어쩌면 같은 곳에 서 있는 이보다 맞은편에 서 있는 이가 나를 더 잘 알고 있는지도 모른다.

그러던 어느 날. H는 무기력하고 무책임한 나에게 막중한 임무를 맡겼다. 1년에 한 번 있는 학과의 가장 큰 행사, 외부 공연장에서 진행되는 음악 페스티벌의 주최 및 기획 업무였다. 학과생의 투표를 통해 총괄팀장으로 선출된 H는 권력을 휘둘러 나를 총괄 부팀장에 선임했다. 선배들이 하는 것을 보았고, 팀원으로도 참여했던 아주 중요한 행사. 이전의 활기찬 나였다면 모든 힘을 다해 H를 도왔겠지만, 당시의 나는 작은 일을 보조할 기력조차 없었다. 억지로 사람들 앞에 서게 됐을 때는 여유 있는 척을 해야만 했다. 집에 들어와서는 신경안정제 몇 알을 맥주로 삼켰다.

완장은 차고 있었지만 힘은 없었다. H는 둘이

해야 할 일을 혼자 해냈고, 그 행사에 내가 관여한 부분은 없었다. 왜 능력도 없는 내게 이런 일을 주어 부끄러운 마음이 들게 하나 싶었다. 총괄팀장 H와 파트팀장. 그 외에도 수많은 팀원이 힘껏 노력해 성공적으로 마무리된 행사. 그리고 그것을 축하하는 뒤풀이 자리. 나는 총괄 부팀장이라는 이유만으로 모두에게 박수를 받았다. 정말 아무것도 한 게 없는 기분도, 아무것도 한 게 없는데 노력을 치하받는 기분도 난생처음 느껴보는 것이었다. 호탕하게 웃으며 나의 어깨를 두드리는 H의 손이 무겁게만 느껴졌다. 무력함에 절여진 속도 모르고 자꾸만 나를 칭찬했다. 다른 이들의 노고를 편취하는 듯한 죄책감이 들었다.

"나 정말 아무것도 한 게 없어. 모두한테 너무 미안해."

"넌 지금 여기 있으면 다 한 거야."

 무엇이든 할 수 있을 것 같던 20살에 만난 우리는 서로를 신뢰했고, 실제로 우리는 꽤 유능한 인물로 평가받는 사람들이었다. 돌이켜보면, H는 그런 과거의 나로 돌아오기를 바라는 마음에 중역을 맡겼던 것 같다. 본인만큼, 어쩌면 본인보다 더 잘 해낼 수 있다고 믿는 친구가 방에 틀어박힌 꼴을, 학기 내내 무기력하게 지내는 꼴을 도저히 보고 있기 힘들었을 것이다. 무엇이라도 일을 안겨주면 밝고 능력 있던 그때처럼 해낼 수 있을 거라고, 억지로라도 해야 할 것이 없어 저리 무력한 것이라고 생각했을 것이다. 우리가 다시 유쾌할 수 있기를 바랐을 것이다. 두말없이 함께 살기로 결정할 만큼 소중한 친구가 예전 모습을 찾았으면 했을 것이다. 말하지 않는 것을 말했으면 했을 것이다.

H의 마음들을 전혀 헤아리지 못한 채로 나의 졸업이 다가왔다. 나보다 졸업이 늦었던 H는 다른 방을 알아보기 시작했다. 어느덧 계절은 겨울이 되었고, 청학동 원룸에 마지막 인사를 해야 하는 날이 다가왔다. 고장 나버린 냉장고야, 안녕. 별로 쓰지는 않았던 책상아, 안녕. 그곳에 남을 것들에게 인사를 건네고 텅 비어 버린 방을 오래도록 눈에 담았다. 살던 곳을 떠날 때 하는 일종의 의식이다.

이제는 정말 떠나야 할 시간. H는 제주도에 돌아갔다가 안성으로 다시 오게 될 테지만, 나는 김해로 돌아가면 다시 갈 곳이 없는 방랑자 신세가 되었다. 만족스럽지 못했던 대학 생활에 대한 미련, 치열해야 할 때 그러지 못했던 후회. 발을 붙잡는 무거운 감정들을 겨우 뿌리쳐 내고 우리가 정말 헤어지던 그때. 다행히 우리는 꼭 필요한 말 한마디씩은 주고받았다. "잘 지내고, 연락해." "그래 잘 지내라."

남자 둘이 떨어질 때는 이 정도의 말도 낯부끄럽다. 어려운 건 연애만이 아니다.

그 뒤로도 우리는 종종 연락했고, 아주 가끔 만났다. 상경한 후에는 같은 동네에 살게 되어서 함께 담배도 피웠다. 그러나 그때와 같은 느낌은 아니었다. 그건 아마 우리가 아닌 내가 해야 했던 말을 하지 않았기 때문이겠지. 그때는 그런 말을 해야 할 줄 몰랐으니까. 네가 어떤 마음으로 나와 함께 살았는지 몰랐으니까. 그러니까 지금이라도 나의 솔직한 문제를 핑계 삼아 그때 해야 했던 말을 남기려고 한다. 늦게 출발한 말도 도착은 하겠지.

고맙다. 무너져 가는 내 삶을 지켜보면서도 섣불리 나서지 않아 줘서. 무기력에 빠진 내가 재기할 수 있는 기회를 줘서. 그 기회를 차버리고 또 자책에 빠진 나를 위로해 줘서. 내 일방적인 요구를 들어주고 청학동 원룸에 같이 살아줘서.

그리고 미… 미…

미친놈아 니가 잘했으면 내가 그 꼴 났겠냐?

다음

　　　　　무언가를 너무 아껴 둔다. 꼭 가보겠다고 마음먹었던 유럽 여행도, 가보고 싶었던 맛집의 음식도, 가끔 방문하던 개인 카페의 독특한 계절 메뉴까지도. 당장 할 수 있는 기회가 있어도 '다음에 해야지.' 하고 생각하며 아껴 두었다. 그것이 무조건 나쁘다는 것은 아니지만, 지금 가능한 것을 다음으로 미루어 두는 일에는 꼭 신중을 기해야 한다. 다음이 없는 상황은 생각보다 잦게 벌어지니까.

여행은 코로나바이러스가 창궐하면서 기약 없이 미뤄졌다. 심지어 모아두었던 비용을 백수 생활 중에 모두 써버리며 계획 자체가 무산됐다. 매장이 열기 전부터 줄을 서던 초밥 가게는 2019년 일본 불매의 대상이 되어 결국 문을 닫았고, 마셔보고 싶었던 음료는 판매가 저조한 탓에 다시 출시하지 않는다고 했다. 이 모든 것이 확실치 않은 다음의 실존을 믿은 대가를 치른 일이다.

당시에는 할 수 있던 것들은 시간이 지나며 하지 못하는 것들로 바뀌었다. 닥친 기회를 잡지 않은 채로 두면 시간이 스며들고 녹이 슬어 쓸 수 없게 된다. 그렇게 실망한 마음을 달래는 데에는 또 얼마간의 시간이 필요하다. 약도 금도 아닌 주제에 삶과는 이리 다양하게 반응하는 것, 내가 흘러가는 시간을 마냥 사랑할 수 없는 이유기도 하다 .

그런데도 나는 아직 여러 가지 것들을 아껴 둔다. 여행이나 갖고 싶은 물건뿐이 아니라 누군가와의 만남까지도 그렇다. 이번에도 없을지 모를 그 망할 다음. 그것을 기약하지 않으면 오늘을 사는 것도 벅찰 테니 원하는 것을 또 미루고 아껴 두는 것이다. 그렇게 당해 놓고도 다음을 믿고 당장을 살고 있는 것이다.

삶과 사랑 사람과 상황

전화를 받은 것은 그곳의 일을 그만둔 지 꼭 4년째가 되는 겨울이었다. 엉덩이 닿는 부분의 인조가죽이 찢어져 노란색 스펀지가 드러난 소파. 그 안락함 위에 누워 늘어져 있던 때였다. 작업실에 흐르는 프레드 허쉬의 피아노 선율 사이로 끼어든 휴대전화 진동 소리. 나는 귀찮음을 뿌리치고 팔을 뻗어 엎드려 울고 있는 전화기를 집어 들었다. 작업실의 낮은 조도 탓에 화면이 눈부셨다. 눈을 찡그리며 확인한 발신인은 내가 전혀 생각지 못한 인물이었다. 의외의 이름 석 자에 놀라 반 이상 덮여 있던 눈꺼풀이 들썩였다. 받을까 말까. 잠시 고민했지만 이내 귀에 전화기를 얹었다. 수화기에서는 여전히 여린 목소리가 들려왔다.

 잘 지냈어요? 잘 지냈어요. 서로 마침표만 바뀌는 대화가 오갔다. 몇 번인가 그런 상투적인 문답을 한 뒤 찾아온 대화의 골. 나는 그 잠깐의 침묵을 깨고 "어쩐 일이에요? 전화를 다 하고." 하는 물음을 던졌고, 돌아온 대답은 "저 여름에 결혼해요."였다.

-

 그 술집에서 일했을 때 나는 해를 거의 보지 못했다. 유독 낮이 짧던 그 겨울 동안 나는 어스름에 누웠고 땅거미에 눈을 떴다. 피부에 볕이 닿는 일이 적었다. 그 탓에 체내 멜라토닌이 결핍되어(그냥 내

추측이지만) 낮이 다 새도록 잠을 설치기가 일쑤였다. 이리저리 뒤척이다 '어떻게 해야 잘 수 있는 걸까?' '혹시 잠자는 방법을 까먹은 것은 아닐까?' 하는 생각을 셀 수 없을 만큼 반복하고 나서야 잠에 들 수 있었다. 그 탓에 알람 소리를 듣지 못해 눈곱도 떼지 못한 채로 출근하는 일이 자주 있었다.

비몽사몽. 눈을 끔뻑하는 새에 엎어버린 잔. 손님의 신발 밑창에 튄 생맥주. 그 밑창의 높이만큼 숙여야 하는 허리. 주방에서 들려오는 호통. 매니저의 안쓰러운 표정과 사장의 분노. 가차 없이 깎이는 월급. 억지로 손에 쥐어지는 정신. 그렇게 일에 치이다 보면 매니저가 다가와 어깨에 손을 얹는 순간이 왔다. 식사 시간이 되었다는 의미. 매장 상황에 따라 달랐지만, 보통은 하나나 둘 정도의 인원이 1시간씩 휴식을 가졌다. 안주가 맛있기로 유명했던 그 가게에서 우리는 가장 구석진 자리에 앉아 맨밥과 단무지를 씹었다. 나는 그 구석 자리의 구석에 앉기만 하면 속이 울렁거려서 어지간하면 등이 트여 있는 쪽의 의자에 앉으려고 했다.

언젠가 면접 후 첫 출근이었던 사람과 마주 앉은 적이 있다. 벽을 등지고 앉았던 그녀는 내가 차려주는 밥상에 퍽 놀란 얼굴을 했다. 충격에서 벗어나지 못하고 입만 뻐끔뻐끔. 정신을 차리고는 상 위에 놓인 노란 단무지와 하얀 공깃밥 하나를 번갈아 봤다. 수저도 들지 않고 애꿎은 땅에 자꾸 시선을 꽂았다. 고민이 끝난 듯 고개를 쳐든 그녀는 뛰어서 탈의실로 들어가더니, 이내 짐을 챙겨 가게의 문을 나섰다. 당연한 말이지만 단골 손님이었다던 그녀가 그 문을 다시 여는 일은 없었다. 아마 단무지를 싫어했거나, 현실에 무지했거나, 그딴 곳에서 일하는 것이 무지 싫었겠지. 급히 챙겨 든 외투를 입지도 않고 문을 향해 멀어지는 그녀를 보며 내가 했던 생각은 '

나도 데려가.'였다.

 민과 처음 대화를 나눴던 건 누군가는 도망쳤던 그 단무지 앞에서였다. 직원들이 어수선하게 모여 있는 홀 가운데 서서 "스무 살이고, 민입니다. 앞으로 잘 부탁드려요." 하고 말하며 고개를 얕게 숙이는 모습을 본 지 꼭 사흘이 되던 날이었다. 작은 목소리로 소심한 자기소개를 하는 것을 본 직후에는 '저 사람은 다음 주에 없겠네.' 하고 생각했지만, 일하는 모습을 지켜본 뒤에는 부디 오랫동안 함께 했으면 좋겠다고 생각했다. 그도 그럴 것이, 일을 할 때의 민은 첫인상과는 비교도 할 수 없이 강했고 술집에서 일하는 것이 처음이라고는 믿을 수 없을 정도로 실수가 적었다. 가령, 네 잔의 생맥주를 한 번에 들고 나르면서도 잔을 놓치거나 손님의 발치에 쏟는 일이 없었다. 그런 민을 보며 나는 대단하다는 생각보다 불안감이 더 앞섰다. 설마, 내가 해고당하는 건 아니겠지.

그날의 식사 시간에는 내가 앉아야 할 자리에 이미 누군가가 앉아있었다. 등 뒤가 트여 있는 자리를 떡하니 차지하고서는 동그란 눈으로 나를 올려다보는 민이었다. "제가 거기 앉으면 안 될까요?" 하는 말이 목젖까지 치고 올라왔지만, 함께 가지는 첫 식사 시간에(심지어는 따로 대화해 본 적도 없는 상대에게) 그 무례한 말을 꺼내는 것에는 실패했다. 물론, 옆자리에 앉는 것은 더더욱 엄두가 나지 않아서 결국 벽 쪽에 붙어있는 의자를 뺐다. 엉덩이를 채 다 붙이지도 못했는데 속이 뒤집어지는 기분이 들었다.

"단무지 좋아하세요?" 맞은편에 앉아있는 민이 단무지를 씹으며 내게 물었다. 오도독. 나는 "아뇨." 하고 대답하며 단무지를 씹었다. 오도독. 우리 사이에 늘어져 있던 어색함. 그 위로 한 송이의 거북함이 내려앉았다. 나름 분위기를 풀어보려고 던진 질문 같은데, 그 의도대로 대화가 진행되기에는 너무 부적절한 질문이었다. 단무지를 좋아하는지를 묻다니. 브람스도 아니고. 문득, 민이 너무 할 말이 없게끔 만들어 버린 것은 아닌가 싶은 걱정이 들었다. 앉아 있는 의자에서 단무지 모양 가시가 돋는 느낌이 났다. 오도독. 그건 아마 민도 마찬가지였겠지.

가시가 솟은 의자 위에서도 수저는 움직였다. 노란색과 흰색이 은색 수저를 타고 각자의 입으로 들어갔다. 말 그대로 꾸역꾸역. 한 끼 상차림이라고 하기에는 색이 많이 모자란(나는 차라리 삶은 계란이었으면 한다는 농담을 한 적도 있다. 농담이 아니긴 했지만) 테이블 위. 그릇에 붙은 밥풀을 긁는 소리와 수저를 내려놓는 소리를 마지막으로 그곳의 소리는 사라졌다. 망할 단무지 씹는 소리가 사라지고 나니 그제야 주변의 소음이 들렸다. 직원들이 주문을 받는 소리, 깔깔대며 웃는 소리, 안주가 완성되면 주방 직원이 부서져라 때리는 종소리. 장소의 색이 무척이나 진한 그 소음들. 그 거친 소리들 사이로 어울리지 않는 여린 소리 하나가 끼어들었다.

"저는 단무지 별로 안 좋아해요. 새엄마가 김밥집을 하셨거든요."
"그렇군요. 담배 태우세요?"

식사 같지 않은 식사 후에도 흡연욕은 솟는다. 민은 본인이 꺼낸 말이 가로질러진 것이 당황스러운지 얼떨떨한 표정으로 "네." 하고 대답했다. 나는 고개를 끄덕이며 자리에서 일어나 테이블 위의 모든 그릇을 걷었다. "같이 피우게 잠시만 기다려요." 하고 말한 나는 주방으로 들어가 거품이 나 있는 물

속에 식기와 그릇을 담가 두고 싱크대에 양손을 기 댔다. 후. 나도 모르게 나오는 깊은 한숨. '무슨 말을 저렇게 맥락 없이 해?' 하고 생각하며 식기를 설거지했다. 건조대에 그릇들을 올려 두고 주방 출입구에 늘어져 있는 발을 걷어 밖을 몰래 살폈다. 아니, 몰래 살피려고 했다. 나무 발을 살짝 걷어 얼굴을 들이민 순간, 가게의 출입구 앞에서 나를 기다리고 있던 민과 눈이 마주쳤다. 엉거주춤. 어색한 걸음으로 다가갔다. 그와 동시에 어색한 웃음을 지었다. 민 또한 뒤통수를 긁으며 어색한 웃음으로 화답해 주었다.

어찌나 여닫았으면 스테인리스 재질의 문틀이 닳아 바람이 드는 유리문. 그 문을 나서서 좌측으로 몇 걸음에 있는 전봇대. 주위에 쓰레기봉투가 널브러져 있는 은색 재떨이 앞에서 우리는 각자 담배를 꺼냈다. 나는 말보로 골드. 민은 쿠바나 더블 샷.

"겨울에 멘솔 피우면 안 추워요?"

"인생도 쓴데. 담배까지 쓴 걸 피우긴 싫어서요."

"그거 농담인가요?"

"네."

'딱히 재밌는 사람은 아니네.' 하고 생각하며 바지 주머니에 손을 찔러 넣었다. 어찌나 바삐 움직였는지 찢어져 있는 담뱃갑에서 찌그러진 연초 한 개비를 꺼내 물고 불을 붙였다. 그리고 그때까지도 주머니를 뒤적이고 있던 민에게 라이터를 건넸다. 민은 꾸벅하고 고개를 숙인 뒤 몇 번이나 부싯돌을 돌려 켰지만 불을 붙이는 데 자꾸 실패했다. 답답함을 참지 못하고 가까이 다가가 몸과 옷으로 바람을 막아주었다. 그제야 담뱃잎을 태워내는 데 성공한 민은 한 번 더 꾸벅하고 고개를 숙였다. 어쩐지 그 모습이 귀엽다는 생각이 들었다.

 연기를 뿜으며 중요하지 않은 이야기들을 했다. 어쩜 그렇게 일을 잘하냐는 나의 물음에는 어릴 때부터 많은 아르바이트를 경험해 보았다는 대답이 돌아왔고, 이곳에서 일한 지 얼마나 되었냐는 민의 물음에는 내가 일을 잘하지 못하니 한 번 떠보는 거냐는 농담을 했다. 우리는 딱히 즐겁지는 않았다. 서로 보여주기 위한 웃음을 지으며 아직 타고 있는 담배를 비벼 껐다. 조금의 어색함이 재떨이에 남은 불씨와 함께 연소됐다.

 구석 자리로 돌아온 우리는 서로가 앉았던 자리에 다시 앉았다. 내가 화장실에 들렀다 돌아오는 사이에 민이 등이 트인 자리를 차지한 것이다. 왜인지는 잘 모르겠지만 처음만큼 기분이 나쁘지는 않았다. 물론 썩 기껍지도 않았고. 다음에도 또 그다음에도 이런 자리 배치가 계속된다고 생각하니 갑갑한 마음이 들었다. 결국 나는 미래의 편안함을 찾기 위해 민을 향해 입을 열었다.

"음, 다음엔 제가 그쪽에 앉으면 안 될까요?"

간단히 "그래요." 혹은 "왜요?" 같은 대답이 돌아올 줄 알았는데, 민은 곧바로 대답하지 않고 잠시간 고민하는 표정을 지었다. 무어라고 말할지 결정한 듯한 눈이 된 후에는 얇은 입술을 몇 번인가 달싹거리다가, 이내 볼을 긁으며 부끄러운 듯 내게 말했다.

"제가 저 벽 쪽에 앉으면 기분이 별로 안 좋아지더라고요. 일부러 이쪽에 앉는 건데."
"음, 그럼 둘이 먹을 땐 나란히 앉아야 하겠는

데요."

"네?"

"저도 그렇거든요. 저 망할 구석 자리."

나와 민은 시선을 교환했고, 침묵을 가졌다. 조금 뒤에는 누가 먼저라고 할 것 없이 웃음을 터트렸다. 불편한 것에 대해 이야기하다가 나온 웃음이 이상하게 편안했다. 이곳의 누구도 나를 이해하지 못했고, 그렇기에 자연스럽게 차지할 수 있었던 편안함. 분명 경쟁자가 생긴 것임에도 즐거운 기분이 들었다. 서로에 대한 안쓰러움, 혹은 자조적인 생각을 상대에게 덧씌울 수 있게 되며 생긴 동질감. 그리 거창한 것이 아니어도 같은 불편을 겪는 이들은 우애를 갖게 된다. 어쩌면, 같은 것을 좋아하는 것보다 더 강한 유대가 형성될지도 모르는 일이다.

결국 함께 밥을 먹게 되는 날에는 번갈아 가며

구석의 구석에 앉는 불편을 감수하기로 했다. 나는 나란히 앉아 밥을 먹는 것도 상관없다고 생각했으나, 민의 '타인이 보았을 때 오해할 수 있다.' 하는 의견에는 나도 동의했기 때문이다. 나는 마음이 편안한 자리에 앉게 되는 사람은 단무지 외에도 먹을 수 있는 무언가를 준비해 오자는 의견을 냈다. 가게 바로 앞 편의점에서 참치 통조림이나 조미 김 같은 것을 사 오는 일을 의미했다. 민은 어느새 내가 꽤 편해졌는지 화면에다 눈을 처박고 "그것도 좋은 생각 같아요." 하고 시큰둥하게 대답했다.

    이후 우리는 말 없이 휴대폰만 쳐다봤다. 그러는 동안에도 시간은 흘렀고 어느새 쉴 수 있는 시간은 10여 분 정도가 남았다. 바닥으로 꺼지는 한숨과 늘어지는 몸. 앞으로 남은 시간을 어떻게 버틸지 고민했다. 긍정적 사고를 잃었던 당시의 나는 잠도 밥도 기대되지 않았지만, 그 공간을 벗어나는 것에는 집착했으니까.

 양손을 비벼 열을 낸다. 건조해진 눈두덩이에 손바닥을 올려 눈꺼풀이 뭉개질 듯 꾹꾹 누른다. 그렇게 몇십 초. 마사지를 마치고 손을 떼면 세상에는 뿌옇게 막이 낀다. 선명한 것보다 오히려 낫지 않나 하는 생각을 한다. 맞은편에는 휴대전화를 들고 있는 민이 보인다. '머리가 꽃밭은 아닌 것 같은데.' 하고 생각한다. 눈을 덮었던 기름막이 눈꺼풀에 스쳐 점점 걷힌다. 선명해지는 시야. 그리고 나를 바라보고 있는 민.

 "잠 잘 못 주무시죠?"
 "언제부터 보고 있었어요?"
 "세상이 무너진 것처럼 한숨 쉴 때."
 "쉬는 시간 끝나면 실제로 무너져요."
 "퇴근하면 다시 세워지고요?"

"아마도."

 농담이 아니었는데. 민은 내 진심을 듣고서 킬킬하고 웃었다. 내가 "벌써 제가 그렇게 편해요?" 하고 말했을 때는 더 큰 웃음을 내비쳤다. 과장된 몸짓으로 이마를 짚는 나를 향해 담뱃갑을 흔들어 보이는 민. 나는 고개를 끄덕이며 빠르게 몸을 일으켰다. 일을 시작한 지 며칠 되지 않은 민도 시간이 얼마 남지 않았다는 사실을 알고 있는지 빠른 걸음으로 따라붙으며 담배 한 개비를 갑에서 미리 꺼내 들었다.

 고작 몇십분 깊어진 밤에 바람이 잠잠해졌다. 각자의 라이터로 쉽게 불을 붙였다. 뻑뻑. 피우는 것인지 그저 태우는 것인지. 담배의 필터를 잘근잘근 물며 바늘이 째깍대는 손목을 들어 올렸다. 퇴근 시간까지는 한참이 남아있다. 더 빠르게 타들어 가는 담배. 육안으로 보아도 몇 모금 남지 않은 정도가 되면, 머금은 연기를 오래도록 들이켜 폐에 가득 채웠다가 천천히 뱉는다. 그렇게 피운다고 꽉 막힌 가슴이 뚫리는 것도 아닌데. 그 시기의 나는 괜히 그렇게 하고는 했다. 가로등 불빛 아래로 연기를 뿜는다. 깊이 들이켰다 뱉는 연기는 보통의 그것보다 훨씬 연해서 밤중의 등불 아래서도 그리 진하게 보이지 않는다. 나는 뿌옇게 피어오르는 연기가 보고 싶었는데. 두둥실 하고 모양을 바꾸며 번지는 진하고 뿌연 연기를 보고 있으면 어쩐지 근심이 덜어지는 기분이 들었다. 뱉자마자 사라지는 연기에 실망하며 높이 젖혔던 고개를 숙였다. 내 어깨높이에는 얇은 선의 코가 있다. 나와는 달리 바닥을 향해 연기를 뿜는다. 시선을 느낀 고개가 젖혀 올려진다. 일을 할 때는 분명 이 사람도 죽을 것 같은 표정이었는데, 지금은 미소를 짓고 있다. 그리고 이내 열리는 입에서는 또 뜬금없는 말이 튀어나왔다.

"종영 님은 좋은 사람 같아요."
"들어가죠. 늦겠어요."

 참 뭐가 없는 사람이라고 생각했다. 일은 신들린 듯이 하더니, 사람을 대하는 건 귀신 같은 사람이었다. 뭔가 보이는가 싶다가도 자세히 들여다보면 없었다. 부끄러움이나 쑥스러움도 그랬지만 특히 뜬금이 그랬다. 당황한 탓에 담배를 바닥에 던져 신발로 비벼 껐다. 바로 옆에 재떨이를 두고 그런 일을 했다. 바닥에 남은 불씨가 바람에 휩쓸려 이리저리 휘날렸다. 그런 나를 보는 민의 얼굴에는 미소가 띄워져 있었다. 확실하지는 않지만 '귀엽네' 하고 말하는 듯한 표정이었다. 저벅저벅 매장에 돌아와 복귀를 알리고 다시 업무를 시작했다. 어떤 아이인 것 같냐는 매니저의 질문에는 "그냥 괜찮은 것 같은데요." 하고 대답했다.

 전쟁터에서도 민들레는 피는 것처럼, 가게 직원들 사이에서도 꽃은 피었다. 일이 힘들고 환경이 열악하다 보니, 조그만 호감의 씨앗도 금세 큰 사랑으로 개화하고는 했다. 다섯 달 남짓을 일하며 내가 목격한 커플만 다섯 쌍이 되었으니, 알게 모르게 비밀로 연애를 한 사람들을 합치면 열 쌍은 족히 되지 않을까? 물론, 이게 가능했던 건 사람이 무척 자주 바뀌었기 때문이지만. 재밌는 사실은 내가 알고 있는 다섯 쌍 중 세 쌍은 한쪽이 동일 인물이라는 점이다.

 매니저는 새로운 직원이 들어오고 일주일이 지나면 항상 '면담'이라는 이름의 술자리를 가졌다. 이름이 이름이니만큼 단둘이서, 마감 후 아무도 없는 매장에서 이루어지는 술자리였다. 내가 했던 면담은 파전에 소주 한 병을 나눠 마시면서 별 쓸데없는 이야기를 나누는 것이었는데. 술을 마시는 내내 본인이 만났던 여자들에 대해 이야기하는 탓에 평소에는 오지도 않는 잠이 쏟아져서 여간 고역이 아니었다. 다행히 술자리는 한 시간이 조금 안 되었을 때 정리됐다. 자리에서 일어나기 직전이 되어서 꺼낸 "건의 사항이나 애로사항 있어? 미안한데, 해결은 못 해줘." 하는 말이 가장 면담다운 문장이었다.

여성 직원과 면담할 때는 무엇이 달랐는지 알 수 없지만, 대부분이 다음날 숙취로 고생하고 있던 걸 보면 한 병을 나눠 마신 것은 아니겠지 싶었다. 그리고 그녀들 중 셋은 매니저의 애인이 되었다. 만나던 사람을 정리하고 다른 사람을 만났으니 왈가왈부할 일은 아니지만, 나는 그를 좋은 시선으로 볼 수는 없었다. 사실 그의 여성 편력에 불만이 있던 것은 아니고, 단지 애인 삼은 사람은 꼭 일을 그만두게 했던 것 때문이었다. 그 셋 중 둘은 일을 워낙 잘했고, 그녀들이 사라지고 난 뒤에 체감되는 업무 강도는 두 배 이상이 되었으니까.

내가 걱정했던 건 그와 민이 상극에 위치한 인간이라는 점이었다. 당시에 내가 겪었던 민은 일은 잘하지만, 대화하는 능력이 부족한 사람이었다. 매니저는 딱히 나쁜 사람은 아니었지만, 본인이 내놓은 주제 이외에 다른 이야기를 하는 것을 싫어하는 사람이었기 때문에("지방 방송 꺼라." 하는 말을 자주 했다) 둘의 술자리 뒤에 벌어질 상황을 떠올리는 때면 나는 어김없이 편두통을 느꼈다. 돌이켜보았을 때 그 가게에서 누군가를 걱정했던 일이 그것 외에는 없었으니, 당시의 나는 아마 민에게 알 수 없는 호감을 느끼고 있었는지도 모른다. 그게 아니라면 일 잘하는 민이 매니저의 추태에 질려 일을 그만두게 될지도 모른다는 공포심이었는지도 모르고.

민의 면담은 출근한 지 9일째가 되던 날이었다.

토요일에 첫 출근을 했던 민이 일주일을 가득 채워서 일해버리는 바람에 일요일 하루는 꼭 쉬어야 했기 때문이었다. 토요일 근무 후의 면담은 아무래도 무리다. 당일이 되어서는 그 사실을 잊고 근무하다 문득 마감 후에 벌어질 일들을 떠올렸다. 식사 시간에 매니저를 불러내 담배를 피우면서 민을 변호했다. 아직 잘못을 저지르지도 않았는데 뭐가 그리 불안한 지 문제아 아들을 둔 엄마처럼 굴었다.

"대화 능력이 부족한 사람이니까, 형이 이해 좀 하고 진행해요."

"무슨 헛소리야. 너보다 훨씬 낫던데."

"에이 농담도."

"아니 진짜로. 농담 아니고. 성격도 좋고, 말도 잘 통하던데? 벌써 일도 제일 잘하잖아."

내가 알고 있는 사람과는 다른 사람의 평가인가 싶었다. 나와 이야기할 때면 해마가 고장 난 사람처럼 뜬금없는 말을 늘어놓던 사람이 다른 이들과는 그토록 대화를 잘 나눈다니. 게다가, 몇 번이나 대화를 나누는 동안 나의 비위를 맞추려고 하는 꼴을 본 적이 없는데, 저 매니저의 마음에 들었다는 건 또 무슨 말인가? 이 사람의 마음에 들려면 도를 넘는 아부를 하지 않고는 불가능 한 일이다. 머리에서 잡념이 물고기처럼 헤엄쳤다. 첨벙첨벙. 가장 크게 튄 물방울은 '나를 싫어해서 맞춰주지 않는 건가?'였다.

그날은 종일 민과 대화하지 않았다. 일을 하는 도중에 몇 번인가 눈을 마주치기는 했지만 먼저 농담을 건네거나 하지 않았다. 분명 이상함을 느꼈을 텐데, 민 또한 내게 말을 걸어 오지 않았다. 튀어 올랐던 물방울이 수면에 부딪히며 물보라를 일으켰다. 잔잔했던 머릿속에 파도가 치는 순간이었다.

업무를 마치자마자 빠르게 옷을 갈아입고 가게를 나섰다. 일부러 마주쳐 한마디라도 더 던져볼까 고민했지만, 돌아오는 대답이 석연치 않다면 남은 밤 내내 마음이 어지러울 것 같았다. 힘든 근무 환경에 망가진 인간관계까지 더해지면 그 공간에 쓰는 시간의 가치가 급격히 떨어진다. 내가 했던 생각은 '힘들게 얻은 시급 7천 원짜리 직장을 지켜야 해.'였다.

물론, 마음가짐과 상황은 별개다. 마음의 힘이 아무리 강해도 물리적 상황이 벌어지는 것을 막을 수는 없다. 가게의 문을 나서자마자 민과 마주쳤다. 재떨이 앞에서 담뱃불을 붙이는 데 애를 먹고 있는 모습이었다. 몇 시간 동안이나 저 사람이 나를 싫어하는 건 아닐까 하는 생각에 마음고생했는데, 그 어리숙한 모습이 마음을 둘러싼 무장을 풀어헤친다. 전쟁터에서 가장 오래 살아남는 사람은 아마 훈련

받은 특수부대가 아닌 민과 같은 매력을 가진 사람일 것이다. 나를 발견한 민은 여전히 불이 붙지 않은 연초를 입에 물고서 손을 붕붕 흔들었다. 그 표정에 담긴 웃음기는 이미 힘이 빠져버려 잔물결이 되어버린 파도마저 가라앉혔다. 펄펄 끓는 뚝배기에 차가운 숟갈을 담근 것처럼, 부글대던 속이 빠르게 안정을 찾았다.

서로 하루의 노고를 위로하며 담배 한 개비를 태웠다. "면담 고생해." 하고 말한 뒤 가야 할 방향으로 몸을 돌렸다. 내 뒤를 쫓은 민. 손을 빼앗듯이 잡아채더니 억지로 손바닥을 펼쳐 무언가를 꼭 쥐여 주었다. 손안에 들어있던 것은 하얀색 알약이 꽤 많이 담겨있는 투명한 지퍼백이었다.

"이게 뭐예요?"

"수면제요."

"이러면 불법인데."

"농담이에요, 무슨 말을 못 해."

"아니, 그래서 진짜 뭔데요?"

"마그네슘이랑 칼슘에 비타민 D. 섞인 건데."

"이걸 왜?"

"잠자는 데 효과 있는 거예요. 저는 효과 봤으니까 한번 먹어봐요."

지퍼백을 돌려주며 극구 사양하는 내게 민은 본인도 처음에는 반신반의했다고. 하지만 이제는 먹기 전으로 돌아갈 수 없다고. 약을 못 믿는다면 본인을 믿고 챙겨 먹으라고 했다. 결국 고개를 끄덕이는 나를 보고 만족스러운 표정을 지은 민은 새삼 추위를 느꼈는지 양팔을 포개어 비비며 매장으로 빠르게 들어갔다. 나는 그런 민을 향해 잘 들어가라는 배웅 인사를 하고서 가야 할 길을 걸었는데, 어쩐지 떠나는 사람과 남는 사람의 역할이 뒤집혀 있던 것을 깨닫고 피식하고 웃음이 났다. 버스 정류장에서는 "자기 직전에 먹으면 악몽 꾸니까 지금 당장 먹어요." 하는 문자를 받았다. 당장 물을 구할 수 없어서 바닥에 쌓여 있는 눈을 향해 눈을 한번 흘겼다. 다행히, 침을 삼키지 않고 모아 약을 넘기는 방법을 생각해 냈다.

얼은 바닥과 새벽의 바람을 뚫고 도착한 집은 당시의 내게 유일한 안식처였지만, 쌓여 있는 빨래와 바닥을 뒹구는 머리카락은 그곳을 꼭 일터처럼 느끼게 했다. 의자에 걸려있는 외투 더미를 애써 무시했다. 그러지 않으면 한숨도 자지 못할 테니까. 수건 더미 옆을 지나 화장실로 들어가 물을 틀었다. 수도꼭지를 좌측으로 틀어 올리고 한참을 기다려야만 따뜻한 물이 나오는 오래된 방. 훌렁훌렁 옷을 벗어 문밖으로 던진 뒤 변기에 앉아 담배 한 개비를 물었다. 하루 중에 가장 평안을 느끼는 시간. 담배 연기가 피어오르고 따뜻한 물이 샤워기에서 뿜어져 나오면 좁은 화장실은 금세 뿌연 수증기로 가득 찬다. 몸에 좋은지 어떤지는 잘 모르지만, 그 따뜻하고 습기 가득한 공기를 가슴 깊숙한 곳까지 들이켜는 것. 나는 그 행위로 뼈가 시리도록 차가운 방에서 겨울을 버텼다.

잡생각을 하는 것이라면 누구에게도 질 자신이 없는 나였지만, 샤워할 때만큼은 이야기가 달랐다. 목욕은 느긋한 것이 좋았지만, 업무 뒤의 샤워는 빠르고 효율적인 것이 최고라고 여겼기 때문이다. 한 손으로는 거품이 난 머리카락을 헹구고 남은 한 손으로는 양치를 한다. 세안하는 거품 위에 면도칼을 올려 수염을 깎아낸다. 입을 헹구기 위한 물을 머금고 귀 뒤를 닦는다, 왼쪽 몸의 거품을 씻어내는 동안 오른쪽 몸에 거품을 칠한다. 이 바쁜 과정 중에 잡생각이 끼어들 틈 따위는 없다. 그러나 그날만은 누군가에 대한 고마움을 되뇌었다. 당시의 내게 그런 친절과 다정을 베푼 이는 아무도 없었기에.

가스요금을 절약하기 위해 낮추어 둔 실내 온도는 샤워 후의 인간에게 재밌는 광경을 선사한다. 물기를 다 닦아낸 몸에서 펄펄 나는 김은 질리지 않는 볼거리다. 높은 온도의 물로 샤워를 하고 난 뒤면 잠시간 더위를 느낀다. 하지만 나는 그 상태로 5분만 시간을 보내도 기어코 감기에 걸렸다. 여름에는 대충 물기만 훔치고 말아도 되는 것을 겨울에는 무척 신경 써야만 했기 때문에, 나는 그 차가운 방에서 하는 겨울의 샤워를 그다지 좋아하지 않았다.

머리를 말리기 전에 속옷과 면 티셔츠를 입는다. 수건으로 머리를 바싹 털어 낸 후에 드라이기를 켠다. 먼저 말려야 할 것은 머리카락이 아니라 살짝 젖어 있는 몸이다. 닭살이 돋은 팔뚝과 가슴 부근에 뜨끈한 드라이기 바람을 쐰다. 차게 식어 팽팽해졌던 살갗이 노곤노곤 녹는 느낌이 들고 나면, 그제야 머리를 말리기 시작한다. 이 과정은 내가 감기에 걸리지 않기 위해 개발한 겨울 샤워 후에도 살아남는 방법이었다.

그 급박하고 위험천만한 일을 끝내고 나면 나의 하루는 마무리됐다. 시작도 제대로 하지 못한 것을 잘 마무리할 수 있을 리 없으니, 오늘 하루를 얼렁뚱땅 끝난다고 해서 문제가 될 것은 없었다. 별다른 여가 생활 없이 바로 이불 속으로 들어가 눈을 감는다. 샤워하기 전 미리 전원을 켜 둔 전기장판이 애매하게 달궈 둔 이부자리. 따뜻하지도 차갑지도 않은 그 애매한 온도의 침구 사이에 잠겨 있는 시간이면 '아침이 오기 전에 잠들게 해주세요.' 하고 기도하고는 했다. 물론, 하늘이 그 기도를 들어주는 날은 극히 드물었다. 특이하게도 그날의 새벽은 기도를 할 생각도 하기 전에 잠에 들었다. 꿈과 현실 사이를 걷는 동안 생각한 것. 마그네슘 효과 좋네.

-

 민은 담배를 피울 때 스스로 팔짱을 꼈다. 덥수룩하게 기른 머리와 무척 마른 팔다리가 뿌옇게 피어나는 연기와 묘하게 어울렸다. 갓 불을 붙이고 난 뒤의 첫 모금은 꼭 삼키지 않고 허공에 낭비했다. 어느 날인가 그 이유를 물었더니 "별 의미 없는데요." 하고 대답했는데, 내게는 그 모습이 썩 멋져 보였다. 그래서 혼자 담배를 피우게 되는 때면 종종 그 행위를 따라 하고는 했다. 연기를 입에 머금자마자 '뻑' 하고 밖으로 흘린다. 폐의 깊숙한 곳까지 들이켰다가 다시 뱉는 것보다 훨씬 더 두껍고 짙은 모양의 연기가 허공을 내달린다. 불을 붙이는 일을 흡연의 끝에 달하기 위한 요식행위로만 남기지 않는 것. 흡연의 시작을 의식게 하는, 그저 니코틴 결핍에 의한 습관적 행위가 아니라는 생각이 들게 하는, 내게는 그런 의미를 갖게 하는 행위가 되었다. 민에게는 아무 의미 없었던 일이 내게는 일상의 일부를 차지하는 것이 되었고, 민의 버릇으로 알았던 것은 어느새 내 버릇이 되어있었다.

내가 그달의 말일까지 일을 하고 그만둔다고 선언했던 날. 우리가 전봇대 아래서 담뱃불을 붙인 순간에. 나는 나도 모르게 민이 보는 앞에서 그 행위를 행했다. 버릇이 됐기에 버릇처럼 한 행동. 놓칠 법도 한데, 모른 척할 법도 한데, 기어코 나의 낭비를 발견해 낸 민은 본인의 습관을 따라 하는 것인지 물어왔다. 내가 그렇다고 대답했을 때 왜 그렇게 복잡한 표정을 지었는지 당시에는 확신할 수 없었지만, 한

가지 확실한 것은 민은 본인이 나의 삶에 스며드는 것을 무척이나 바라면서도 두려워했다. 그리고 그것은 나도 마찬가지였다.

-

"자. 그래서, 오늘부터는 주간 식사 스케줄을 줄 겁니다."

오랜만에 제정신으로 출근한 매장에서 제정신이 아닌 소리를 들었다. 그러면 가장 바쁜 시간에 식사 시간을 가지는 행운이 없을 수도 있다는 건가. 그 행운은 내 삶의 몇 안 되는 낙 중 하나였다. 단무지를 씹으며 정신 없이 일에 치이는 직원들을 보는 것. 그사이에 내가 없다는 것에 안도하는 것. 특히, 그것이 단지 행운이라는 것이 좋았다.

그 가게는 초저녁이 가장 바빴고, 그 이후로는 굉장히 무작위한 시간에 손님들이 몰리고는 했다. 나는 평생 큰 행운을 겪은 적이 별로 없어서 사소한 행운들에 집착했는데, 가령 지하철 플랫폼에 도착하자마자 열차가 들어온다든지, 엘리베이터가 마침 내가 있는 층에 서 있다든지 하는 것들이 그랬다. 나에게도 조그마한 행운은 찾아오는구나 하는 생각들이 드는 사소한 것들. 조금 여유로워지는 타이밍에 오롯이 매니저의 선택으로 골라지는 두 명의 인간. 그리고 착석해 밥을 한술 뜨자마자 들이닥치는 손님. 갓 밥을 먹기 시작했으니 어쩔 수 없다는 마음으로 일하는 사람들과, 미안한 표정으로 단무지를 씹는 행운아들. 그 견딜 수 없이 가벼운 행운에 중독되지 않을 수 있을 리가.

식사 시간에 스케줄이 개입되어 바쁜 시간에 밥을 먹게 된다면, 그것은 행운이 아니라 불행에 가깝다. 어느 날에는 바쁜 와중에 밥을 먹으러 가야 할 테다. 눈치를 보지 않으면 안 되는 상황이다. 그리고 사실 그런 상황에서 일을 조금 더 돕지 않는 건 예의가 아니라고 생각했다. 예의를 차리는 시간만큼 나의 휴식도 줄겠지만 어쩌겠어.

놀랍게도, 식사 스케줄을 짜는 것은 민이 면담을 하는 중에 낸 의견이라고 했다. 아무래도 밥을 먹는 시간이 정해져 있으면 일하는데 의욕도 생길 것이고 업무 효율도 좋아질 것이라고. 젠장, 역시 이상한 사람이야. 반대의견을 모아 없던 일로 만들고 싶었는데, 의외로 대부분이 긍정적인 반응을 보였다. 결국 혼자 튀는 사람이 되기 싫었던 나 또한 별말을 하지 않았다. 그러나, 아무리 생각해도 매니저가 그런 귀찮은 일을 나서서 할 위인이 아니었기 때문에 누가 그 스케줄을 짜는 고생을 하게 될지를 물었다. 의견을 낸 사람이 한 달 치를 이미 만들었고, 그 표

그대로 이름만 바꾸어 가며 사용하기로 했다는 대답. 그렇군요, 막내인 민이 하는군요. 내가 그 일을 떠맡지 않아도 된다는 사실에 안도하며 다른 이들의 얼굴을 둘러보았는데, 나와 딱히 다를 것이 없는 표정이었다. 사실 스케줄 표라고 해봐야 일주일 단위로 시간이 밀리고 당겨질 뿐이라서 딱히 불공평한 지점이 있는 것도 아니었기 때문에(한 달만 벌고 떠날 사람들에게는 아니었으나 입 밖으로 그 말을 꺼낼 수는 없었다) 결국 전원 찬성으로 식사 시간의 제도화가 이루어졌다.

휴대전화 메신저를 통해 전달된 스케줄 표는 꽤 그럴싸했다. 시간대별로 인원이 골고루 분포되어 있었고, 표의 디자인 또한 깔끔해서 한눈에 본인의 식사 시간을 파악할 수 있었다. 딱 한 가지. 이상한 점을 꼽자면 나와 민이 함께 밥을 먹게 되는 날이 한 달에 절반 이상이었다는 것인데, 조금 이상할 뿐이지 딱히 문제가 있는 것이 아니었기 때문에 아무도 이의 제기를 하지 않고 유야무야 넘어가 버렸다. 그저 나만이 이유 모를 불안감에 휩싸였을 뿐이었다.

그날의 근무는 놀라울 정도로 편했다. 일을 시작한 뒤로 정상적인 컨디션으로 출근한 것이 처음이었던 탓이었다. 잠을 양껏 잔 나는 누구보다 열심히 일했고, 평소보다 재빨랐다. 그 모습을 본 동료는 "몰래 산삼이라도 챙겨 먹어요?" 하고 물었는데 나는 "어제 마그네슘 먹었어요." 하고 대답했다. 그는 도무지 이해가 안 간다는 표정으로 "그건 나도 먹는데." 하고 말했다.

숙면의 힘으로 일하다 보니 어느새 식사 시간이 다 되었다. 그리 바쁘지 않은 시간에 밥을 먹게 되었지만, 그날의 컨디션이라면 아무리 바빠도 일을 잘 마칠 자신이 있었기 때문에 딱히 아쉽지는 않았다. 수저통을 정리하고 있는 민에게 다가가 식사 시간이 다 되었음을 알리고 밥과 단무지를 챙겨 구석 자리로 갔다. 어쩐지 괜찮을 것 같은 기분이 들어서 일부러 구석의 구석 자리에 앉았다.

"와, 당연히 자리 뺏겼을 줄 알았어요?"

하얀색과 분홍색이 섞인 종이 쇼핑백을 가지고 구석 자리로 온 민은 퍽 놀란 눈치였다. 절대 양보하지 않을 것처럼 굴더니 어떻게 먼저 그 구석에 앉아있느냐고 하기에 "그쪽 생각해서요. 오늘 힘들어 보이던데." 하며 너스레를 떨었다. 민은 자리에 앉으며 면담 중에 매니저가 주는 술을 가리지 않고 모두 받아 마셨다고 말했다. 왼손 엄지손가락으로 이마를 꾹꾹 누르며 오른손으로는 쇼핑백에서 무언가를 꺼내 테이블에 올렸다.

"이건 또 뭐에요?"

"장조림."

"미친."

"좋아해요?"

"네. 장조림 안 좋아하는 사람도 있어요?"

"저는 별로 안 좋아해요. 새엄마가 김밥집을 하셨거든요"

"어. 그거. 뜬금없는 말 하는 거 금지입니다."

"농담이에요. 저도 좋아해요. 장조림."

"근데 웬 장조림?"

"같이 먹는 날에 좋은 자리에 앉는 사람이 음식 싸 오기로 했잖아요."

"그냥 편의점에서 참치 통조림이나 하나 사 오자는 거였는데."

"엥."

마주 본 우리는 동시에 웃음을 터트렸다. "내 차례에는 고추참치 사 올 건데."라는 나의 말에 정색하는 민을 보면서는 어깨를 들썩일 정도로 크게 웃었다. 내가 주방에서 밥을 가져오는 동안 민은 반찬을 차렸다. 추운 날씨에 기름이 굳어 하얀색 덩어리가 떠다니는 소고기 장조림과 노란 단무지가 상에 올려졌다. 손을 비비며 구석의 구석 자리에 앉은 나는 따뜻한 쌀밥 위에 장조림을 하나 얹어 입에 넣었다. 조금 달고, 적당히 짰다. 그렇다고 너무 맛있지도 않아서 다시 떠오를 일이 없는 평범한 그런 장조림. 그런데도 내가 이 장조림을 지금까지 떠올리는 건 그 순간이 특별했기 때문이겠지.

그 뒤로 우리는 함께 밥을 먹는 날이면 이것저것 음식을 챙겨 오기 시작했다. 나는 집에서 먹던 반찬을 긁어서 가져갔고, 민은 직접 요리한 것들을 가져왔다. 거의 날마다 함께 먹다 보니 남은 반찬들이 직원용 냉장고에 쌓이기 시작했고, "니들끼리만 맛있는 거 먹냐?"라며 불만을 표하던 다른 직원들 또한 그 반찬들로 끼니를 챙겨 먹으며 평화를 되찾았다. 그러기 시작한 지 한 달쯤이 되어서는 직원 사이에 음식을 가져와 먹는 일이 정착해서 우리 둘만의 일이 아닌 가게 자체의 문화가 되었다. 가끔은 누구의 집 김치가 가장 맛있는가에 대한 토론이 벌어졌다.

몸과 마음이 모두 건강해졌다. 마그네슘 덕분에 잠도 훨씬 잘 자고, 가게에서 먹는 한 끼의 영양소가 이전과는 비교할 수가 없을 정도로 풍부해졌기 때문이다. 그 생활을 유지하고 한 달이 지나고부터는 컨디션이 좋은 날엔 다시 태어난 기분이 들었다. 그 모든 것이 민의 덕분이라는 사실을 아주 잘 알고 있었지만, 딱히 고맙다는 말이나 성의 표시를 따로 하지는 않았다. 나까지 눈치 보지 않고 행동했다간 걱정하던 상황이 닥쳐올 수도 있겠다는 생각이 들었기 때문이다.

사실은, 민을 대하기가 점점 어려워졌다. 날이 갈수록 정도를 더해가는 나를 향한 다정함이 부담스러웠다. "쟤 너 좋아하는 거 아냐?" 하는 직원들의 농담을 그저 농담으로 들을 수가 없었다. '만약에 진짜 그런 거면 나 어떻게 해요?' 하는 말을 삼키고 "헛소리하지 말고 일이나 해요." 하고 말했다. 그런 생각은 당신보다 내가 훨씬 더 많이 하고 있으니 자꾸 언급하지 말라는 뜻이었다.

함께 밥을 먹는 일이 잦았다. 과장 없이 거의 매일이었다. 식사 시간이 겹치지 않는 날이면 꼭 마감 후에 "간단하게 밥 먹으면서 술 한잔하죠?" 하고 제안을 해왔다. 꼭 다른 사람이 없는 순간을 노리는 것처럼 둘만 있는 때에 그랬다. 몇 번인가는 일부러 다른 사람을 불러 자리를 만들었는데, 그런 날이면 민은 말 수가 유독 적었고 술도 조금만 마셨다.

그럴 때마다 나는 '절대 그럴 리가 없어.' 하고 생각하며 마음을 다스렸다. 민이 나를 좋아할 리가 없다고. 우리는 그저 직장 동료고 민은 이상하게도 나와 잘 맞아서 더 친해지고 싶어 하는 것뿐이라고. 물론, 그런 생각을 했다는 것 자체가 어느 정도 예상을 하고 있었다는 뜻이지만, 나는 그것을 애써 모른 척했다. 일부러 '설마' 하는 마음을 먹지 않으려고 노력했다. 설마는 사람을 잡지는 않지만, 꽤 높은 정확도를 가지고 있다. 그게 사실이 아니었으면 하는 것들에 대해서는 특히 더 그렇다.

일부러 거리를 두려고 했지만, 상황이 녹록지 않았다. 식사 시간의 대부분을 민과 함께 보내야 했고, 나 또한 민과 나누는 대화가 즐거웠기 때문에,

긴장하지 않으면 나도 모르는 새에 웃으며 농담을 던지고 있었다. 전과는 달리 퍽 다채로운 색이 놓인 식탁 위에서 밥을 먹는다. 이제는 멘솔을 피우지 않게 된 민. 이제는 멘솔을 피우는 나. 많은 것이 변한 그곳에서 우리가 함께 담배를 피울 때 의미 없는 헛소리를 한다는 사실은 변하지 않았다. 그것이 내가 민을 밀어내는 데 실패한 가장 큰 이유였다. 오늘도 내일도 보아야 하는 사람 중 가장 마음이 잘 맞는 인물이라는 것. 결국 근무하기로 한 마지막 달이 되어서 '나는 곧 사라질 사람이니 그냥 신경 안 쓸래.' 하는 안일한 마음으로 지내기로 했다.

우리가 처음 마주했을 때와는 확연히 다른 날씨, 3월치고도 특히 푹했던 그날. 나의 퇴사가 일주일 앞으로 다가왔던 새벽이었다. 날씨 때문인지 얼마 남지 않은 나의 근무 기간 때문인지 아주 안일한 마음을 가지게 되었던 그때, 나는 민과 함께 담배를 피우다가 "내가 왜 좋은 사람 같다고 생각했어요?" 하고 물었다. 민이 나와 처음 대화를 나눈 날에 했던 말이 문득 떠올랐기 때문이었다. 그걸 아직도 기억하고 있냐는 말 뒤로 이어진 침음성. 심각한 표정으로 회상과 동시에 말 고르기를 하던 민은 얼마 가지 않아 대답을 꺼냈다. 실수해 버렸다는 사실을 깨달은 내가 답답한 마음에 두 개비째의 담배를 꺼내 물었을 때였다.

"다른 사람들은 전부 다른 사람 욕을 했거든요. 뒷담화 안 했잖아요?"
"그게 다예요?"
"그게 얼마나 큰 건데요. 그래서 내가."
"왜 말을 하다 말아요."
"아뇨. 뭐. 그냥 그래서 그렇게 말했어요. 담뱃불 붙일 때 바람 막아준 것도 그렇고."

"진짜 별거 아니네요."

"원래 별거 아닌 걸 잘하는 게 어려운 거니까요."

나는 별 대답을 하지 않고 재떨이에 담배를 쑤셔 박았다. 어떤 말을 건네지도 않는 나. 어떤 말을 더하지 않는 민. 축축하고 따뜻한 새벽 공기 위를 떠다니는 담배 연기. 그 모호한 타이밍에 뭉게뭉게 피어오른 침묵 속에서 나는 노심초사했다. 민은 당장이라도 고백할 것 같은 눈으로 나를 바라보고 있었으니까. 움찔거리는 입술. 그때 내 표정이 어땠는지는 잘 모르지만, 민은 당시의 내 주변 사람 중에 가장 내 속을 잘 읽는 사람이었다. 그때의 나는 아마 민이 보기에 아주 곤란한 표정을 짓고 있었을 것이다. 입을 달싹이며 내 표정을 살피던 민은 이내 체념한 듯 한숨을 쉬며 담배를 비벼 끄고 어떤 말도 꺼내지 않고 매장으로 들어갔다. 민이 한 말 대로라면, 그리고 민이 나를 좋아하는 게 맞다면. 그건 나의 행동 때문이었겠구나 하는 생각이 들었다. 그렇지만, 이렇게 될 줄은 정말 몰랐거든.

남은 일주일간 민과는 데면데면하게 지냈다. 밥을 먹을 때도 따로 말을 섞지 않았고, 민이 새로 싸 오는 반찬도 없어서 남아있는 반찬으로만 끼니를 때웠다. 퇴사하기 전날에는 그마저도 없어서 다시 흰 쌀밥에 단무지를 먹는 신세가 되었다. 매니저가 "끝에 와서 다시 초심 지키네. 멋지다." 하고 나를 놀리는 중에 햄버거 세트를 포장해 들고 들어온 민은 나를 아는 체하지도 않고 탈의실로 들어가 버렸다. 곧이어 들려오는 "너네 싸웠냐?" 하는 말에는 대답하지 않았다.

마침내 다가온 나의 퇴사일에는 모든 직원이 끼

니를 걸렀다. 딱히 친분을 쌓지 않았던 주방 형들까지 그러는 바람에 꽤 부담스러운 마음이 들었다. 매니저는 "송별회를 해주는 건 네가 처음이야." 하고 거들먹거리며 말했는데, 정해진 기간을 다 채우고 일을 그만둔 사람을 나 말고는 없으니 당연한 일이었다. 곧이어 먹고 싶은 메뉴를 묻는 매니저에게 "순대전골이나 먹죠. 그 시간엔 그 집밖에 안 열잖아요." 하고 대답했다. 그러나 그는 여기저기 아는 사장들이 있으니 편하게 이야기해 보라는 말을 했고 "그럼 가게에서 먹어요. 저 누룽지탕 한 번도 안 먹어봤어요." 하고 말했다. 그는 주방 사람들의 눈치를 보며 "야 그건 좀." 하고 목소리를 죽였다. 주방 형들은 "야 진짜 해 줄 테니까 가게에서 먹자." 하고 말했지만, 그저 매니저가 당황하는 모습을 보고 싶어 꺼낸 말이었기 때문에 사양했다. 마지막까지 민폐를 끼치기는 싫었으니까. 누룽지탕은 나중에 손님으로 와서 먹겠다고 말했더니 매니저는 "그래 서비스로 줄게." 하며 기뻐했는데, 그 꼴이 어찌나 보기 싫던지 다시 말을 바꾸고 싶은 마음이 들었다.

그날은 그 가게에서 근무했던 날 중 가장 여유로웠다. 역대 최저 매출을 기록한 사장은 울상을 지었지만, 나에게는 이제 남 일이었다. 눈치 없는 매니저는 사장에게 카드를 받기 위해 지갑을 뒤지는 장난을 치다가 뒤통수를 한 대 맞기까지 했다. 사장은 우리가 순대전골로 회식을 한다는 말에 기쁨을 감추지 못했다. 아마 싸게 먹혀서 좋다고 생각했겠지. 이마부터 정수리까지 깔끔하게 까져 있는 머리가 그렇게 어울리는 사람도 없을 것이다.

열 명의 인원이 순대전골 집의 테이블에 주르륵 앉았다. 4인 테이블 두 개를 붙여 양쪽 끝에 의자를 한 개씩 두어서 인원수에 맞게 자리를 정리했다. 나는 주인공이라는 이유로, 민은 막내라는 이유로 그 양쪽 끝자리에 앉게 됐다. 사람들은 음식이 나오지도 않았는데 소주와 맥주를 섞었다. "종영이의 미래를 응원하며!" 하는 수치스러운 건배사가 매니저의 입에서 터져 나왔다. 부끄러운 건 나뿐이었지 모두 그 문장을 복창하며 잔을 부딪쳤다. 음식이 나오고는 따로 건배하지 않고 각자 먹고 마시기 시작했다. 둘러앉은 테이블끼리 이야기를 하며 편안하게 술을 마시다가도, 매니저는 잊을 만하면 내게 이목을 집중시켰다. "다들 너무 고생 많으셨습니다. 앞으로도 쭉 고생하십시오." 하는 나의 말에는 다들 테이블을 내리치며 분개했다. 맞은편에 앉아있는 민이 자꾸만 나를 흘기듯 쳐다봤지만, 나는 '그냥 이대로 아무 일 없이 마무리하고 집에 가면 돼.' 하고 생각하며 그 시선을 애써 무시했다. 등이 확 트여 있는 중앙 자리에 앉아있는데, 어쩐지 구석의 구석에 앉아

있는 기분이 들었다.

전골의 빨간 국물이 졸아들어 무쇠 냄비에 달라붙을 때쯤이 되어서는 대부분이 만취한 상태가 되었다. 그것은 나도 마찬가지여서 무슨 말을 나누었는지 상세히 기억이 나지는 않는다. 다만 사람들이 자리를 바꿔가며 나에게 하고 싶었던 말을 한마디씩 했었는데, 그중 기억나는 몇 가지만 이야기하자면 "너 진짜 재수 없었어. 알지? 근데 그게 밉진 않아." "오빠, 딴 데 가서는 욕 좀 줄여요. 맨날 말끝마다 씨부럴꺼가 뭐야." "김해 가면 풀코스로 쏘냐?" 정도다. 이들이 나를 얼마나 아꼈는지 알 수 있는 대목이다.

그렇게 화목한 시간을 나누는 와중에 민은 피곤하다고 말하며 먼저 집에 들어가 보겠다고 했다. 다른 직원들이 "그래도 종영이 마지막 날인데 조금 더 있다 가지." 하는 말로 붙잡아 보았지만, 민은 기어코 그들을 이겨내고 짐을 챙겨 일어났다. 성큼성큼. 내게 다가와 오른손을 척하고 내밀며 악수를 청하는 민. 나는 그 모습에 당황해 바로 손을 꺼내지 못하고 잠시간 멈춰 있었는데, 민은 억지로 내 손을 잡아채어 마구잡이로 흔들더니 잘 지내라는 말도 없이 뒤를 돌아 떠났다. 그리고 나서는 그 자리에서 무슨 일이 있었는지는 단 하나도 기억하지 못한다. 술에 취한 것은 둘째 치고, 마음이 무척 혼란스러워 자리 자체에 집중하지 못했기 때문이다.

민과 알고 지낸 것은 5개월 정도였지만, 나는 그 가게에서 민에게 가장 많은 정을 내어주었다. 그리고 우리는 꽤 붙어 다녔고, 휴일에도 종종 만나 음식을 먹고 술잔을 나누었다. 나중이 되어서는 혹시 나를 좋아하는 건 아닐까 싶어 일부러 거리를 두었지만, 민이 원했다면 언제든 좁히고 쳐들어올 수 있을 만큼의 거리였다. 그런데도 내가 떠나는 날 오해를 풀기 위해 노력하거나, 진심 어린 이야기를 나누는 것이 아니라 달아나는 모습을 보이는 민. 다른 사람이었다면 신경도 쓰지 않고 내버려 두었겠지만 나는 어쩐지 민이 그렇게 행동한 것을 쉬이 받아들일 수 없었다.

민이 사라진 술자리는 생각 이상으로 빨리 마무리됐다. 주인공인 내가 술을 많이 마시지 못할 뿐 아니라, 정신이 다른데 팔려 있었으니 함께 했던 이들도 딱히 재미를 느끼지 못한 탓이었을 것이다. 가게에서 나와 바라본 하늘은 진한 군청색이었다. 얼굴도 드러내지 않은 해가 하늘에 영향력을 행사하고 있었다. 가로등이 켜져 있기도 꺼져 있기도 한 그 시간. 누가 봐도 술에 취한 털레털레 걸음으로 도착한 버스 정류장. 검은 옷을 입은 사람이 셋 있었다. 모직 코트를 입고 있던 민도 그중 하나였다.

"여기서 뭐 해요?"

"기다렸죠."

"아직 새벽은 추운데요."

"그래도 기다렸죠."

"왜요?"

말없이 빙그레 웃음을 지은 민은 담뱃갑을 흔들어 보이며 정류장 바로 뒤편의 골목으로 걸어 들어갔다. 당황한 탓에 발을 떨어뜨리는 것이 늦어졌다. 종종걸음을 걷던 민이 코너를 돌아 보이지 않게 됐을 때쯤이 되어서야 움직일 수 있었다. 민이 나를 기다렸을 이유에 대해 생각하며 보도블록을 밟았다. 고백하려는 것일까? 아니면 마지막 인사를 제대로 하기 위한 것일까? 만약 전자라면 어떻게 거절해야 할까? 후자라면 나는 편한 마음으로 잠에 들 수 있을까? 물음으로 가득 찬 고개를 돌려 코너길에 들어

갔다. 사각지대에 서 있던 민이 눈에 들어왔다. 팔을 벌려 내게 달려든다. 저항할 틈도 없이 마른 몸이 내게 감겨들었다.

"좋아해요."
"미안해요. 놔 줘요."
"어차피 마음 안 받아 줄 거 알아요. 10초만요. 마지막이니까."

한숨을 내쉬고 마른세수를 하며 속으로 10초를 셌다. 시간이 지나도 놓아주지 않는 민의 어깨를 잡고 반쯤 억지로 떼어냈다. 눈물로 범벅이 된 민의 얼굴을 소매로 닦아 주려다 팔이 멈칫했다. 이런 행동 하나가 민을 더 괴롭게 할지도 모른다는 생각이 들었다. 그런 나의 마음을 아는지 모르는지 민은 얼굴도 닦지 않고 서서 눈물을 흘렸다. "무슨 말이라도 해봐요. 들어줄 테니까." 하는 나의 말에도 훌쩍훌쩍 코를 먹는 소리가 대답을 대신했다.

나는 주머니에서 담배를 꺼내 불을 붙였다. 뻑. 첫 모금을 삼키지 않고 낭비했다. 그 모습을 본 민은 더 큰 울음을 터트렸다. 울먹이는 목소리로 "그러지 마요!" 하는 말에 가슴이 갑갑해졌다. 민의 버릇이 나의 버릇이 된 것 또한 민에게는 아픔이고, 슬픔이 된 모양이었다. 좋아해 주지 않을 거라면 내 삶에 무엇도 받아들여서는 안 되는 걸까? 지독했던 나의 옛 짝사랑을 떠올렸다. 하나의 행동도 한마디의 말도 모든 게 희망이 되었던 그 시절의 나와 민이 겹쳐 보이며 미안한 마음과 안쓰러움이 동시에 들었다.

연달아 두 개비의 담배를 태우고, 세 번째 담배에 불을 붙일 때쯤이 되어서야 민은 울음을 멈추었다. 그제야 눈물 자국이 선명한 얼굴을 소매로 비벼 닦고 갑을 꺼내 든 민은 담배에 불을 붙이고 곧바로 첫 모금을 허공에 낭비하더니 또 울음이 터질 것 같은 표정으로 변했다. "아니에요, 이제 그만." 하는 나의 말에 크게 심호흡하고서는 단단한지 말랑한지 알 수 없는 애매한 표정으로 연거푸 연초를 태우기 시작했다.

한 개비를 필터 끝까지 다 태우고서야 평소와 같은 표정이 된 민은 곧바로 한 개비를 더 꺼내 물어 불을 붙였다. 이번에는 첫 모금을 버리지 않고 가슴 깊숙한 곳까지 연기를 집어넣었다가 천천히 내뱉었다. "저 이제 할 말 할게요 있는 대로 대답해 주세요." 하는 말을 할 때쯤이 돼서는 완전 평소와 같은 당당하고도 이상한 사람의 모습이 되었다.

"제가 좋아하는 거 알고 계셨죠?"

"그냥 예상만."

"안 받아 주실 거죠? 제 마음."

"미안해요."

"왜 자꾸 미안하대."

 미안하다고 말하면 안 되는 걸까. 적어도 나를 좋아한다는 사실이 죄처럼 느껴지지 않게 하고 싶었다. 내가 경험했던 것, 사랑의 감정이 꼭 죄를 지은 것처럼 느껴지는 일을 겪게 하고 싶지 않았다. 이미 몇 번이고 경험했을 수도 있겠지만, 나까지 민에게 그런 감정을 느끼게 하고 싶지는 않았다. 꽤 오랜 시간 침묵을 지키던 민은 두 개비째의 담배를 신발 밑창으로 비벼 껐다. 손을 잘게 쥐었다 폈다 하다가 주먹을 꽉 쥐기를 반복했다. 이내 솟아 있던 어깨가 처졌다. 보통은 분노를 참아내거나 무언가를 체념했을 때 보이는 몸짓이었다.

"제가 남자라서 그런 거죠?"

"미안해요. 저는 여자가 좋아요."

"그래요. 아까 억지로 안고 있던 거 미안해요."

"뭐, 술에 취하면 친구끼리 그러기도…"

"저는 친구 같은 마음으로 그런 게 아니라서요. 미안해요."

민은 획 돌아 걸어가다 금세 다시 나를 향했다. "아무한테도 말 하지 마요." 나는 민의 말이 채 끝나기도 전에 걱정하지 말라는 말을 던졌고, 바쁘게 달아나는 민의 뒷모습이 코너를 돌아 사라질 때까지 그 자리에 우두커니 서 있었다. 그저 그가 남자였기 때문에 거절한 것이 민에게는 상처가 되었을까? 그저라고 말하기에는 내게는 너무 큰 벽이었다. 소중한 친구 하나가 성 소수자가 아니었다면 나는 그때까지, 아니 어쩌면 지금까지도 호모 포비아일 것이다. 그렇지 않았다고 하더라도, 나는 동성에게는 도저히 연애 감정을 품을 수 없는 인물이다. 민도 그것을 눈치챘을 것이고, 도저히 어찌할 수 없는 벽에 가로막힌 기분이 들었겠지. 그에게 상처를 줄 수밖에 없는 입장에 강제로 처해졌다는 사실이 무척이나 안타까웠다. 차라리 내가 양성애자나 동성애자였다면 민은 조금이라도 덜 비참했을까? 집으로 돌아가야 한다는 사실도 잊은 채 그 자리에서 연거푸 담배를 피웠다. 우리가 만났던 겨울보다 훨씬 뿌옇고 진한 연기가 새벽녘 사이로 뭉게뭉게 피어올랐다. 결국 내가 생각하던 좋은 마무리는 하지 못했다. 사랑이 끼어든 뒤에 끝나는 관계는 좋게 마칠 수 없는 걸까?

날이 완전히 밝고 나서야 집에 도착했다. 달이 뜨고 깨어난 뒤에 겪는 해인데도 하루가 지났다는 실감을 하지 못했다. 블라인드 사이로 부서져 내리는 햇빛에 눈이 부셨는데도 그랬다. 아직도 그 군청색 하늘 아래의 골목길에 서 있는 것 같은 기분이었다. 민을 떠올릴 때면. 아니, 새벽의 어느 골목에서 담배를 피울 때면 민을 떠올리게 될 것이다. 서로 다른 사랑을 길러냈다는 이유만으로 우리는 그 새벽 시간에 갇혀 버린 걸지도 모른다.

잠을 잘 자게 된 뒤로부터 집은 꽤 깔끔하게 정리되어 있었다. 방은 이제 춥지 않다. 귀찮은 과정을 모두 빼 버리고 샤워를 한다. 버릇처럼 삼키게 된 하얀색 마그네슘을 입에다 한 알 털어 넣고 물을 삼켰다. 술은 그렇게 많이 마시지 않았다고 생각했는데, 아주 잠깐 열렸을 뿐인 식도를 타고 위액의 신맛이 올라왔다. 침대에 걸터앉아 담배를 한 개비 피웠다. 연기를 들이켜 폐에 가득 채웠다가 천천히 뱉는다. 그렇게 피운다고 꽉 막힌 가슴이 뚫리는 것도 아닌데, 그 해가 뜬 아침에 나는 굳이 굳이 그렇게 했다. 어지러웠던 정신이 조금은 맑아지는 기분이 든다. 텁텁해진 입을 수돗물로 헹궈내고 침대에 몸을 던졌다. 전기장판을 틀지 않아도 이불이 미지근한데, 왠지 감기에 걸릴 것 같다.

한참을 뒤척였다. "이미 아침이니 제발 잠에 들게 해주세요." 하고 소리 내어 기도했다. 새하얀 알약을 얻어먹게 된 뒤로 처음 한 기도였다. 내 이야기를 들어주는 신은 고약하다. 매일 찾았을 적에도, 아주 오랜만에 찾는 때에도. 단 한 번도 기도를 들어주는 일이 없었다. 정오쯤이 되어서 겨우 잠에 들었다. 자는 동안 민과의 사이가 최악으로 치닫는 악몽에 시달렸다. 분명 들은 적 있는 마그네슘의 부작용이었다.

-

민의 결혼식장에 다녀왔다. 예복을 빼입고 손님을 맞는 그와 악수했다. 나의 송별회 이후 처음이었다. 어찌할 줄 모르는 그의 눈을 바라보며 "멋있어요." 하고 말했다. 멋쩍게 웃는 얼굴이 행복해 보였다. 왜소했던 전과는 달리 꽤 살이 붙은 모습. 이마가 훤하도록 짧게 쳐올린 머리카락. 많이 바뀌었네. 건강하고 행복해 보이는 모습. 이유도 모르고 쌓아 두었던 부채감이 녹는 기분이 들었다. 짧은 인사를 마치고 축의금을 내기 위해 섰던 줄에서는 매니저와 마주쳤다. 그는 내가 올 줄은 정말 몰랐다는 듯 놀란 표정을 지었다. 여전히 모든 행동이 우스워 보여서 웃었다. 그가 있어서 다행이라고 생각한 건 처음이었다.

매니저(이제는 아니지만)와는 신랑 측 객석 뒤편에서 다시 만났다. 혼자 왔느냐는 나의 질문에 "와이프는 신부 측에 있어." 하는 대답에 놀라 "결혼했어요?" 하는 말이 튀어 나갔다. 어깨를 들썩이며 "애가 둘이야." 하고 웃는 그, 어쩐지 등이 이전보다 넓어진 것처럼 보였다. 그는 우리가 함께 일했던 가게에서 만난 사람과 결혼했다고 했다. 민의 신부 또한 그 가게에서 만난 사람이라는 이야기를 듣고는 소리를 지를 뻔했다.

"너 일 그만두고 얼마 안 지나서 사장이 칼춤 한 번 췄어. 자꾸 현금이 비어서. 범인 잡고 보니까 일행이 셋이나 되더라."

"이름 말 안 해도 알 것 같은데요. 누구예요?"

"정이랑 현이랑 주."

"석 아니고 현?"

"석은 가게 망할 때까지 했어."

"의외네."

"암튼, 그 뒤에 또 사람을 뽑았거든. 나도 민도

첫눈에 찌르르한 거지. 오늘 신부 봤냐? 진짜 개 예뻐."

"와이프나 잘 챙기세요."

"민 저 새끼. 진짜 경우 없는 놈이야."

민과 매니저는 각각 다른 사람에게 반했다. 각자 대시를 했고, 둘 다 실패했다. 남자 쪽 움직임이 멈추고 난 뒤에는 여자 쪽이 움직였다. 민이 대시했던 여성은 매니저에게, 매니저가 대시했던 여성은 민에게. 그대로 연애가 시작됐다. 시간이 흘러 민은 취업, 매니저는 창업. 몇 년의 열애 끝에 둘 다 결혼에 골인. 흠, 그렇게 따지자면 당신도 딱히 경우가 있어 보이지는 않는데요.

"본인한테 관심 없는 남자한테 끌린 거야. 작전을 잘못 짰어."

"형수님한테 그대로 전달합니다."

"미안."

 매니저는 민의 성정체성을 진작부터 알고 있었다고 했다. 입사 일주일째에 가졌던 면담 시간에 술에 취한 민이 물어보지도 않은 것을 술술 불어버린 일이 있었다는데, 사람을 좋아하는 것에 성별이 그렇게 중요한 일이냐며 분개했다고 했다. 당황한 그가 "야, 그거 비밀 아냐? 나한테 이렇게 쉽게 말해도 돼?"라고 물었더니 민은 "아뇨! 진짜 비밀은 제가 종영 님에게 반했다는 거예요."라고 말했다는데. 가장 어이없는 건, 매니저와 민이 나를 흔들 수 있을 만한 것에 대한 회의를 했다는 사실이었다. 결국 생각해 낸 방법이 식사 시간의 시스템화였다는데, 망할 멍청이 두 명이 머리를 맞댄 것 치고는 꽤 좋은 방법이었다는 생각이 들었다.

이 사람들은 결국 그 가게에서 사랑을 찾아낼 운명이었던 걸까? 한 공간에서 몇 명이나 되는 사람을 바꾸어 가며 만났던 이도, 나를 좋아한다고 말했던 민도. 생의 마지막 사랑이라 여겨지는 사람을 그곳에서 만났으니, 그들에게는 좋은 공간으로 기억에 남게 되겠지. 나에게는 마음의 짐으로 남은 곳이 짐의 주인에게는 소중한 장소가 되었다는 사실이 문득 신기하게 느껴졌다. 지니고 있을 필요가 없던 짐을 그제야 바닥에 내팽개쳤다. 이토록 쉽게 가벼운 마음이 되다니, 민의 결혼식에 오기를 정말 잘했다고 생각했다.

옛이야기를 나누며 추억을 팔다 보니 어느새 예식의 시작을 알리는 방송이 흘러나왔다. "3년 열애 끝에 우리 결혼해요!" 하는 문구와 함께 사진이 빙글빙글 돌아가는 삼류 웨딩 영상이 꺼졌다. 주인공들을 위한 조명을 제외한 빛이 일제히 사그라들었다. 바삐 인사를 나누던 하객들 또한 단숨에 조용해져서 나와 매니저 또한 '헙'하는 숨소리와 함께 대화를 멈추었다.

고리타분한 사회자의 멘트 사이를 가로지르며 걷는 민은 번쩍번쩍 빛이 났다. 과거에는 콤플렉스라는 이유로 늘 숨겼던 이마. 그 위로 바싹 솟은 짧은 머리가 무척이나 잘 어울렸다. 버진로드 끝에 서서 신부를 기다리는 모습은 작은 체구를 잊게 할 정도로 위풍당당했다. 나는 분명 하객석의 가장 뒤편에 서 있었는데 어쩐지 멀찍이 있는 민과 눈을 마주치고 있는 듯한 기분이 들었다. 민의 머리 위로 떨어지는 가로등보다 훨씬 밝은 빛, 우리는 제대로 마무리 짓지 못한 그날의 새벽을 드디어 마쳐냈다. 너의 해와 나의 해. 각자의 해가 그 새벽에 연결되어 떠올랐다. 그래, 우리 이제 정말 다시는 볼 일이 없겠지.

신부 입장이 끝나고 출입문의 통제가 느슨해지자마자 예식장을 벗어났다. 행복해 보이는 민의 모습이 자꾸 떠오르며 슬금슬금 미소가 피어올랐다.

뜨거운 여름 태양 아래서 담배를 꺼내 물었다. 민과는 겪은 적이 없는 계절이었다. 불을 붙이고 첫 모금을 허공에 낭비했다. 뭉게뭉게, 지독하게 습한 공기에 눌려 아래로 두둥실 가라앉는 담배 연기. 뿌옇고 몸에 나쁜 이것을 사랑하지 않았다면 민과는 그저 좋은 친구로 남을 수 있었을까 하는 생각이 들었다. 한 개비의 반도 채 태우지 않고 재떨이에 불을 비벼 껐다. 담배를 배우고 난 뒤 자의로는 처음 있는 일이었다. 땀으로 범벅 된 등에서 으슬으슬 한기가 올라왔다. 이제야 새벽 해가 뜬 탓이겠지.

-

길게 늘어선 삶의 밭에서 사랑이 자라는 거라면 사람은 씨앗이고 상황은 날씨다. 인위적으로 키워 내기 몹시 어려운 식물도 분명 어디선가는 자생한다. 공들여 키운 꽃도 밭 구석의 잡초도 결국은 내 삶에서 자란 것이다. 어느 날에는 그저 초록색인 풀 뭉치가 더 아름다워 보였다. 결국 무성하게 키워내 아직도 보듬는 잡초들이 내게는 있다.

신기하게도, 다른 삶에 심어진 나와 나의 삶에 심어진 그들은 꼭 생명을 공유하는 것처럼 유기적으로 움직였다. 나는 그것을 관계라고 불렀다. 다른 삶에 심어진 내가 죽어버리는 때에도 내 삶에서 질기게 살아남는 그들을 나는 미련이라고 부르기로 했다. 삶에 여전히 뿌리내리고 있으나 더 이상 사랑이 아닌 것들이다.

민과 나는 서로 다른 종류의 사랑을 키워냈다. 연애 감정으로 키워낸 사랑만이 미련으로 변하는 게 아니라는 사실. 어렴풋이 알고는 있었지만, 경험한 것은 처음이었다. 상황의 장마 속 어떤 것은 썩고 어떤 것은 더 강하게 자랐다. 내 손으로 직접 잡아 뽑은 것도 한동안은 살았다. 단칼에 줄기를 잘라 내쳐도 바로 죽는 사랑은 없었다. 우습게도 살리려 애쓴 사랑 중 살려낸 것은 없다. 예를 들자면 민과의 우정이 그렇다.

나는 사랑을 사랑한다. 공들여 키워내는 꽃과 같은 것도, 자연스레 자라나는 잡초 같은 것도 모두 사랑한다. 내가 겁나는 것은 모든 조건이 적절히 겹쳐 기적처럼 자라나는 사랑을 잘라내고 버려내야 하는 일이다. 그건 미소 지었던 기억들이 악몽의 먹이가 되는 일이다. 그럼에도 나는 여전히 삶의 밭에 늘어선 사랑들을 돌본다.

비단 나뿐만 아니라 세상의 누구라도 하고 있는 일이다. 어쩌면, 나는 별것도 아닌 것을 괜히 어렵게 생각하는지도 모르겠다. 다만 민이 했던 말처럼 별거 아닌 것을 잘하는 게 어려운 거니까. 나는 그냥 사랑을 잘하고 싶을 뿐이다. 구석 자리에 앉아도, 구석의 구석 자리에 앉아도 바라보고 있으면 마음이 편해지는 얼굴 몇 포기를 가슴에 심어 두고 살고 싶다. 몇 송이, 몇 그루의 사랑을 베고 뽑아내는 일이 있어도, 그래서 많이 아프다고 하더라도. 죽는 날에는 잘 키운 사랑 몇 놈을 품에 안고서 사라지고 싶다. 지옥에 떨어져도 좋을 만큼 진한 향기가 나는 놈들로.

편지를 써야겠어요

펜으로 하는 일을 잘하지 못한다. 가령, 글씨 쓰는 일이나 그림을 그리는 일이 그렇다. 글씨를 처음 배울 적 꾹꾹 눌러쓰던 기억도, 어린이집 대신 다녔던 미술학원에서의 기억도 남아있는데. 나는 왜 둘 중 하나도 잘하지 못하는 걸까. 특히 손으로 편지를 쓸 때면 펜이 유독 무겁다. 쥐는 방법이 잘못되어서 손목이 아픈 것을 제쳐두고도 눅진한 불안감이 가슴을 채운다.

사춘기가 지나고서는 손 편지를 쓴 기억이 별로 없다. 연인과 가족과 친구. 모두를 포함해 보아도 열 손가락을 다 접지 못한다. 하나, 둘. 남은 손가락을 접어낸 뒤 다시 모두 펴내는 날이 오면 조금은 잘 쓰게 될까? 그때는 새끼손가락 마디에 잉크가 묻지 않을까? 왜 불안해하는지 스스로 묻지 않을까?

백스페이스 몇 번에 사라지는 활자의 무게에 비해 잉크에 눌러 담는 마음이 무거워서, 스치는 말들은 마음에서 정리해 내고 정말 담고 싶은 말들만 얹어야 해서, 그것도 아니라면 그런 마음가짐으로 펜을 잡았으니 도저히 무겁지 않을 수 없어서. 서점의 가장 구석 자리에 앉아 펜을 쥐고서 한참을 골몰했다. 펜을 잡는 일이 불안한 이유가 대체 무엇인지.

그래, 결국 사랑 때문이다. 누군가에게 건넬 글

이 아니라면 펜을 쥐고 자리에 앉아 쓸 일이 적어도 내게는 없다. 사랑하지 않는 사람에게 쓰는 편지를 저린 손목을 털어가며 쓰지는 않는다. 텅 빈 편지지 위로 흩어져 떠다니는 단어를 골라 눌러 담는 일. 썩 상냥하지 않은 내가 상냥해져야만 하는 그 순간이 두려운 것이다. 서투르고 못생긴 글씨로 전하는 사랑이 혹여 못나 보일까 싶은 불안함. 내가 꾹꾹 눌러쓰는 그 마음이 혹여 무성의로 보이지는 않을까 하는 걱정.

이제는 종종 사랑하는 사람들에게 편지를 써야겠다. 못난 글씨도 모자란 문장도 서투른 진심도 이해해 줄 수 있는, 나를 사랑해 주는 사람들에게 편지를 써야겠다. 눌러쓴 글씨와 땀에 번진 잉크에서 고군분투하는 내 모습을 떠올리는, 그리고 환히 웃어줄 사람들에게 마음을 써야겠다. 손목이 저리고 손가락에 잉크가 묻어도, 내가 그토록 싫어하는 손으로 글을 쓰는 일이어도. 마음을 먹게 하는 사람들에게는 상냥을 선물해야겠다.

엄살

"근데 진짜 잘 참는데요?"

타투이스트로 일하던 정이 내 피가 묻어 있는 바늘을 닦아내며 했던 말이다. 넌 문신을 새기느라 내 왼팔에만 집중했으니까 그런 말을 할 수 있겠지. 발가락은 낙엽처럼 오므라들었고, 오른손은 얼마나 꽉 쥐었는지 퍼런 핏줄이 섰다. 20대 중반부터 턱 근육이 발달하기 시작했는데, 아마 그 문신을 받을 때 이를 너무 꽉 물어서 근육이 성장한 것은 아닌가 싶을 정도다. 그럼에도 한 톨의 앓는 소리도 뱉지 않았던 건, 아마 엄살 부린다는 말을 듣는 것을 병적으로 싫어하기 때문이었을 것이다.

나는 청소년기부터 몸 이곳저곳이 아팠다. 두통이나 복통으로 학교를 조퇴하는 일도 잦았고, 환절기가 되면 기침과 열을 달고 살았다. 고향 친구들 사이에서는 쉽게 부서진다는 의미를 가진 '유리 몸'이라는 별명으로 불릴 정도였다. 그 별명으로는 지금까지 불리고 있고, 몸이 아픈 일이 잦은 것도 변하지 않았다. 나처럼 자주 아프다 보면 꾀병이 아닌지 의심받는 경우가 생긴다. 솔직히 꾀병을 부린 일이 없지는 않기 때문에 그 말은 크게 억울하지 않다. 다만, 정말 아파 죽겠는데 엄살 부린다는 말을 듣는 것만은 도저히 참기가 힘들다. 다른 농담들처럼 웃어넘기면 될 텐데 "엄살 부리지 마." 하는 말을 들을 때면 꼭 정색을 하게 된다. 내가 그 말에 그토록 예민해진 건 중학 시절 겪었던 첫 연애가 끝난 후부터다.

그전에도 몇 번인가 여자친구가 있었지만 제대로 된 연애를 처음 했던 건 중3 때였다. 그것을 진정한 의미의 '제대로 된'이라고 말할 수 있는지는 잘 모르겠지만, 정말 좋아하는 마음으로 꾸준한 만남을 가졌던 것은 그때가 처음이었다. 나와 동갑이었던 걔는 잦은 가출과 비행 탓에 학교를 그만두고 홈스쿨링을 하던 애였다. 심지어는 열여섯의 나이에도 불구하고 성인과의 연애 경험도 있었다. 그런 걔가 내게 가장 많이 했던 말은 "순진해서 재미없어."였다. 우씨, 지가 나 좋다고 먼저 말해놓고.

재밌는 사람이 되고 싶어서 농담을 하면 유치하다고 했고, 그 말에 토라져서 말수가 적어지면 너무 어리다고 했다. 데이트 중 내 지갑 사정이 얄팍해지는 때면 지나가는 사람의 돈을 빼앗아서라도 마련

하라던(물론 그 일을 행한 적은 없다) 사람이 입 밖으로 꺼내기에 어울리는 말은 아니었다. 도대체 그런 애를 왜 좋아했냐고 묻겠지만, 정말 정말 안타깝게도 걔는 정말 정말 예뻤다. 물론, 얼굴은 잘 기억나지 않지만.

이 문장은 쓰고나서 몇 번이나 다시 들여다봐야 했을 정도로 이상하지만, 걔는 남자친구였던 나를 여러 방면에서 싫어했다. 조금이라도 소심한 모습을 보이거나 잘하지 못하는 것에 노력을 기울이는 일을 쿨하지 못하다고 생각했다. 그 외의 것 중에서는 자주 아픈 것을 가장 싫어했다. 남자가 건강하지 못한 건 매력이 없다고 했던가. 심한 편두통이 있는 내가 고통을 호소하며 잠시만 쉬자고 말하면 "제발 엄살 좀 피지 마라. 졸라 질린다." 하고 말하기 일쑤였다. 당시에는 걔가 나를 질려하는 것이 무척이나 두려웠기 때문에 초인적인 연기력을 발휘해 멀쩡한 척 걸어 다니고는 했다. 그러다 보면 진짜 아프지 않은 것 같기도 했다.

그런 뼈를 깎는 노력과 희생 덕에 우리의 관계는 아슬아슬하게 유지됐다. 떨어질락 말락. 나는 외줄에 올라탄 초보 곡예사처럼 언제 떨어질지 모르는 불안감에 시달렸다. 걔는 줄 아래 서서 "얼른 더 높이 뛰어!" 하는 진상 관객 역할을 맡았다. 나중이 되어서는 걔가 웃음을 짓고 있을 때마저 불안한 마음을 가지게 되었는데, 어느 순간부터 내게 싫은 소리를 하지 않게 된 것이 그 이유였다. 어렸던 내 생각에는 너무 이상한 일이었다. 물론, 지금에 와서는 그것보다 불안할 일이 얼마나 더 있나 싶기는 하지만.

부산광역시에서 경남 김해시. 모든 장거리 연애

가 그렇겠지만, 열여섯 살의 그것은 연락 문제에 굉장히 취약했다. 아무 맥락 없이 며칠이나 연락이 되지 않았다. 그런데 할 수 있는 것이 아무것도 없었다. 학기 중의 매주 주말, 방학에는 거의 매일. 4개월을 만났는데 걔의 집 주소를 알지 못했다. 걔 친구들의 연락처를 알지 못했으며, 심지어는 사는 동네가 어디인지도 몰랐다. 그저 부산 1호선 남포역 앞에서 버스를 타면 한 번에 갈 수 있는 곳에 살고 있다는 것만 알았다. 분명 많이 좋아한다고 생각했는데. 걔에 대해 알고 있는 거라고는 이름과 전화번호가 다였다.

답답한 마음에 무작정 집을 나섰다. 할 수 있는 게 없다는 건 알지만, 당장 뭐라도 하지 않으면 부정적인 생각에 목이 졸려 죽을 것 같았기 때문이다. 128-1번 버스와 지하철 2호선과 지하철 1호선을 타고 남포역에 내렸다. 분명 한 시간 반 정도밖에 걸리지 않았을 텐데, 영겁의 시간이 흐른 듯이 느껴졌다. 또 몇 분을 더 걸어 시끌벅적한 번화가에 도착했다. 나는 터질 듯한 인파 속에서 걔 얼굴을 찾기도 하고, 함께 다녔던 장소들을 쥐 잡듯 뒤지기도 했다. 그러다 지치면 오락실에 들어가 테트리스 앞에 앉아 쉬었다. 걔는 잘하지도 못하는 테트리스를 30분씩 잡고 있던 애였으니까.

결국은 막차가 끊기는 늦은 밤까지도 걔를 찾아내지 못했다. 집에 돌아갈 길이 없는 중학생은 꼼짝없이 노숙을 해야 했다. 모텔에 갈 돈도, 혼자 찜질방에 갈 신분도 없었다. 오락기 컨트롤러에 엎드려 쪽잠을 잤다. 팔이 저려와서 잠에서 깬 뒤에는 문자 한 통을 보냈다. 또 잠깐 잠들었다가 깨서는 길거리를 배회했다. 그 와중에 술에 취한 연인들은 바락바락 소리를 지르며 싸운다. '차라리 저렇게 싸워 보기라도 했으면 좋겠다.' 헤어지고 싶으면 그렇다고 연락이라도 남기지 이게 대체 뭐 하는 짓인가 싶었다. 그러다가도 혹시 무슨 일이 있는 건 아닐까 싶어 걱정했다. 이런 걸 보면 나는 천성이 나쁜 놈은 아닌 것 같다. 망할 사회가 날 이렇게 만든 거지.

걔를 찾을 때까지 집에 돌아오지 않을 거라는 다짐을 바닥에 널브러져 있던 맥주 캔과 함께 멀리 차버리고 첫차를 탔다. 집에 도착해서는 목을 축인 뒤 기절하듯 잠들었다. 그렇게 몇 시간을 자고 난 뒤에 방광이 가득 찬 느낌에 잠에서 깼다. 한 손으로 부은 눈을 비비며 소변을 보는 중에 문자 알림이 울렸다. 걔였다. 답장도 없는 편도 문자에 무려 1,500알을 넘게 태운 뒤에 받은 소중한 문자였다. 나는 별안간 바지를 추키며 걔에게 전화를 걸었다. 문자 확인 따위는 뒷전이었다. 암 쏘 쏘리 벗 알러뷰 다 거짓말. 익숙한 컬러링이 울려 퍼지고 이내 들려오는 여자의 목소리.

"고객님이 전화를 받을 수 없어 삐 소리 이후…"
"쌍."

바닥에 휴대전화를 집어 던지려다 말았다. 그 상황에도 우리 집의 가난을 떠올렸기 때문이다. 바지의 지퍼를 마저 채우고 방으로 돌아가 얌전하게 문자를 확인했다. 기가 막혔다. 휴대전화가 없던 시대의 비밀 쪽지 같은 내용이었다. "4시에 전화할 테니까 받아." 뭔데, 지금은 왜 안 되는데. 걔가 제멋대로인 건 진작부터 알고 있었지만, 나를 그렇게까지 화나게 한 건 처음이었다. 돌돌 말려 있는 이불 위에다 휴대전화를 내동댕이쳤다. 그때의 내게 허락된 가장 극적인 분노 표출 방법이었다.

전화는 4시 정각에서 30분이 지난 뒤가 되어서야 걸려 왔다. 4시 10분이 되어도 울리지 않는 벨

소리에 몇 번인가 먼저 전화를 걸었지만, 걔의 휴대 전화는 계속 꺼져 있었다. 전화를 기다리는 동안 나는 '아주 중요한, 연락을 못 할 만한 커다란 일이 있었겠지.' 하는 다소 억지스러운 이해심을 가졌고, 그것을 이용해 마음을 가라앉혀 두었다. 초조함은 여전했지만 화가 머리끝까지 난 상태는 아니었다. 덕분에, 걸려 온 전화를 받자마자 소리를 지르는 몰상식한 짓은 저지르지 않았다. 차라리 소리 지를걸.

"어디고?"

"집이지."

"대체 왜 이렇게 연락이 안되노?"

"그럴 만하니까 그랬겠지. 도대체 전화랑 문자를 얼마나 하는 건데?"

"걱정돼서 그랬지."

"내가 뭐 죽었나? 니 뭔데? 니가 내 엄마가?"

"말을 왜 그렇게 하노? 내가 니 땜에 며칠을 잠도 못 잤는데. 너무 심한 거 아니가?"

"뭘 잠을 못 자?"

"걱정되니까 잠을 못 잤지. 어제는 내가 니 찾을라고 밤이 새도록 남포동 뒤졌다. 아침부터 다음 날 새벽까지. 그래도 니한테 화 안 내고 이유부터 물었다. 내가 얼마나 걱정했는지 아나?"

"그래서 뭐 우짜라고?"

그래서 뭐 어떻게 하냐니? 나야말로 뭘 어떻게 해야 할지 몰랐다. 어디서부터 잘못된 건지, 대체 무슨 말을 해야 할 지 감조차 오지 않았다. 온몸의 신경을 따라 뱀이 기어다니는 느낌이 났다. 발가락 끝부터 등을 타고 오르는 피와 함께 모든 뱀이 뇌를 향해 몰려들었다. 간질간질 찌릿찌릿하던 느낌이 대뇌의 어느 한 곳으로 모이자, 벼락이 떨어지는 것처럼 꽈릉하는 통증이 일었다. 볼 끝은 저려오고 눈썹이 가려웠다. 심지어는 부신에서 아드레날린이 분비되는 것이 직접 느껴졌다. 힘껏 펌프질하는 심장과 당장이라도 터질 것처럼 두근대는 관자놀이. 녀석들을 달래기 위해서 심호흡을 몇 번 했다. 큰 효과는 없지만, 넘치는 화 때문에 스스로 괴롭히는 일을 막는 응급 처치 같은 일이었다. 나는 속으로 '얘는 미친년이다. 얘는 미친년이다.'를 반복해 새겼다. 미친년과 싸워서 이기는 방법은 없다. 나는 그저 미친년에게도 당연히 받아야 할 것들, 받을 수 있는 것들을 받아 내고 싶을 뿐이었다. 그때의 내가 필요로 했던 건 "연락 못 해서 미안해, 사정이 있었어." 하는 몇 개의 어절이다.

"무슨 일인지는 모르겠는데, 연락 못 해서 미안하다는 말 정도는 해줄 수 있는 거 아니냐?"

"그래, 그깟 연락 못 해서 졸라 미안하네. 됐나?"

"니 그게 지금… 하, 아니다. 됐다. 머리 진짜 아프네. 니 별일 없이 잘 있으니까 그만 얘기하자."

"지랄. 아프기는. 또 엄살 부리네."

나는 응당 얻어야 할 것마저 포기하며 화해를 바랐다. 분명 걔도 그걸 모르지는 않았을 텐데, 또 나를 공격해 왔다. 그때의 내가 어떻게 했어야 옳은 것인지 지금도 잘은 모르겠으나, 나는 걔의 말에 순식간에 이성을 잃어버리고 말았다. 휴대전화의 수음부(受音部)에 소리를 지르고 욕을 했다. 빙글빙글. 세상이 회전목마를 탄 것처럼 돌았다. 세상이 아니라 내가 돌아버린 건가. 아무튼, 걔는 아무 반응도 없이 내 말을 듣기만 했다. 그러다가도 "넌 진짜 미친년이야." 하는 말에는 꼭 "뭐 이 개새끼야?" 하고 반응했다. 걔 엄마한테 매일 미친년 소리를 듣는다고 했다. 다른 건 몰라도 그 말만은 하지 말라고 했었다. 나한테는 걔가 개 엄마 같았다. 진짜 아파서 죽을 것 같을 때에도 꼭 엄살 부린다고 말했다. 다른 건 몰라도 그 상황에서 그 말은 하지 말았어야 했다.

당연하게도 우리는 헤어졌다. 네이트온에 등록되어 있던 걔의 친구는 내게 "걔랑 헤어지길 잘했다"고 했다. 나같이 괜찮은 사람이 왜 개 같은 미친년이랑 만나는지 이해가 안 됐다고 했다. 걔랑 끝났다고 하니 해주는 말이라고. 걘 얼마 전부터 집을 나와서 성인 남자와 함께 살고 있다고. 나와 연락이 안 되던 날부터라고. 그러니 얼른 깨끗하게 잊어버리라고 했다. 저번 주까지 나와 손을 잡던 사람이 오늘은 다른 남자 집에서 잔다고 생각하니 가슴이 진정되지 않았다. 분명 생각한 것 이상의 미친 사연인데, 대체 왜인지는 몰라도 다시 내 옆으로 데려오고 싶었다. 걔를 용서했다가 마지막에 걜 차버리고 싶었다. 내 앞에서 우는 걔를 보고 싶었다.

자존심 때문에 며칠을 참았다. 무슨 자신감이 었는지 먼저 연락이 올 거로 생각했다. 지금 걔 애인은 어른인데, 먼저 연락했다가 얻어맞으면 어떡하나 하는 생각도 했다. 그 뒤로 며칠이 지난 후에는 가슴이 찢어지는 것 같았다. 그 이상 거지발싸개 같은 이별도 없는데 왜 그렇게 걔가 생각났는지 의문이지만, 그때는 '아 진짜 이별은 이런 거구나.' 하는 생각만 들었다. 내가 차버렸던 다른 여자애들도 이런 감정을 느꼈는지 궁금했다. 어떻게 이렇게 아픈 일을 견뎌 냈는지 전화해서 물어보고 싶을 정도였다.

그렇게 2주가 지났다. 내 전화번호를 차단해 버린 걔 때문에 걔의 친구를 불러 캔모아에서 만났다. 친구의 휴대전화로 연락해 다시 만나자고 설득할 셈이었다. 나와 마주 앉은 그녀는 "그카지 말지." 하며 나를 말렸지만, 눈앞에 방법이 있는데 시도조차 하지 않을 수는 없었다. 어차피 0 아니면 1이잖아. 행동하지 않으면 0밖에 안 돼. 친구가 손에 쥐고 있던 휴대전화를 빼앗듯 챘다. 외우고 있던 걔의 전화번호와 통화버튼을 눌렀다. 바뀌어 있는 컬러링. 블랙펄의 "결국 너잖아." 음악이 흐르고 얼마 되지 않아 걔가 전화를 받았다. "여보세요?" 목소리를 듣자마자 눈물이 났다. 잘 지냈냐는 말도 하지 않았다. 너와 헤어지고 난 뒤 얼마나 힘들어했는지, 지난 시간 얼마나 마음이 아팠는지를 구구절절 설명했다. 너 없이 못 살겠다고, 돌아와 달라고 말했다. 걔의 대답은 "엄살 부리지 말고 그냥 꺼져."였다.

-

"그래서 그 뒤로는 어떻게 됐는데요?"

"걔 친구랑 사귀었는데?"

"엥? 그게 뭐야."

"걔가 자기는 그런 여자가 아니라고 엄청나게 어필했거든."

"어땠어요?"

"나한테 잘해주기는 했는데, 자꾸 딴생각이 들어서 금방 헤어졌어."

"미친놈이네 이거."

"애초에 친구 전 애인을 꼬시는 애가 좋은 사람일 리가 없잖아."

"그걸 받아준 사람도 정상은 아니죠."

"나도 알지. 나도 좋은 사람은 아니거든."

정은 특유의 나른한 웃음을 지으며 맥주를 들이켰다. 나도 말을 많이 한 탓에 목이 탔다. 눈앞에 놓인 생맥주 몇 모금을 삼키고 감자튀김 하나를 입에 넣었다. 치아 사이로 감자튀김이 으깨지는 사이에 문득 생각 난 한가지.

"근데 타투 받고 얼마간은 술 마시면 안 되는 거 아냐?"
"그쵸? 특히 맥주는."
"타투이스트가 안 말리고 뭐 하는 거야."
"근데 나는 그냥 먹어서."
"오. 역시 멋져."
"연고만 잘 발라요. 딱지 떼지 말고. 젊은 사람은 그것만 해도 돼."

그날 밤 우리는 많은 술을 마셨다. 정에게는 그리 많은 양이 아니었는지도 모르지만, 내가 완전히 취해 쓰러지기에는 충분하고도 남는 양이었다. 그때의 나는 정에게 이성적인 호감을 느끼고 있었다.

그녀에게 직접적으로 말하거나 티를 낸 적 없는데, 그날에는 취기를 빌려 잔뜩 티를 냈다. 정은 그런 날 보고 "귀엽기는 하네." 하고 말했고, 나는 '이거 됐다.' 하고 생각했다. 그러나, 2차로 갔던 칵테일 바에서 그녀는 내게 단호하게 거절 의사를 내비쳤다. 어떻게 한 번 설득해 보려 해도 도저히 방법이 없는 이유였다.

정은 올리브가 들어있는 마티니를 들이켜며 커밍아웃했다. "난 오빠랑 섹스할 수는 있지만 연애는 못 해."라는 말로부터 시작된 것이었다. 젠장, 설마 했는데. 굳이 이어지는 말을 듣지 않아도 무슨 이야기를 할지 충분히 예상할 수 있었지만, 대충 넘겨짚기에는 퍽 예민한 화두였기에 정의 말을 놓치지 않고 끝까지 들었다. 바이섹슈얼. 호모 로맨틱. 그래 뭐, 난 퀴어랑 잘 지내니까. 제일 친한 친구 중 하나도 퀴어잖아?

물론, 친구가 퀴어인 것과 좋아하는 사람이 퀴어인 것은 다른 문제였다. 이건 마음을 눈치챈 정이 나를 차버린 걸까? 그게 아니라면, 그저 알려도 괜찮은 사람이어서 말해 준 걸까? 둘 중 어떤 것이든 정을 애인으로 만들 수 있는 가능성은 사라졌다. 그렇다고 그냥 섹스만 하는 사이로 남기는 싫었다. 망할, 좋아했는데. 마음이 더 커지기 전에 알게 된 것에 감사하기로 마음먹었지만, 어쩐지 자꾸 술이 당겼다. 진 토닉과 마티니를 맥주 대하듯 해버렸다.

결국 나는 쓰러지기 직전까지 취해버렸다. 슬프게도 정은 그제야 흥이 오르는 모양이었다. 그녀는 비틀거리는 나를 향해 본인의 작업실에 가서 한잔 더 마시는 건 어떠냐고 물었다. 웩. 그녀의 작업실에서 봤던 보드카나 데킬라 병들을 떠올리는 것만으로 구역감이 일었다. 이제 내 이미지 따위는 아무래도 상관없지만, 그래도 정의 직장 바닥에 부침개를 구울 수는 없었다. 숨을 크게 들이켜며 곤란한 표정을 지은 나는 "아냐 곧 막차 끊겨서 가까운 데로 가야 해." 하고 말했다. 다행히 정은 순순히 그러자고 했다. 내 목소리에서 절박함을 느낀 모양이었다.

취한 와중에 블로그를 뒤져 괜찮은 와인바를 찾았다. 주문한 건 몇만 원짜리 레드 와인 한 병. 나는 한 잔을, 정은 나머지를 모두 마셨다. 내가 한 모금을 마실 때 한 잔을 마시는 미친 퍼포먼스를 선보이면서. 벌컥벌컥. 내가 마시는 것도 아닌데 보는 것만으로도 취기가 올랐다. 프레첼을 우적우적 씹으며 몰려오는 잠을 겨우겨우 밀어냈다. 근근이 이어지고 있는 정신을 억지로 붙잡고 그녀의 말 상대를 했다. 점점 더 신나 보이는 정. "어떤 애는 내 주량을 못 견뎌서 헤어지자고 했다니까? 진짜 웃겨." 그거 별로 안 웃긴데. 나는 차마 그녀의 말을 중간에 끊지 못했다. 그녀의 화려한 과거 이력. 그것을 다 듣고 난 후의 시간은 새벽 3시 30분이었다. 계산서는 무려 4번이나 갱신되었다.

"이럴 거면 작업실에서 먹지." 내가 타고 갈 택시를 잡는 중에 정이 한 말이다. 그럼 지금도 마시고 있겠지 이 양반아. 하는 말을 삼키고 "그럴 걸 그랬나?" 하고 대답했다. "지금도 늦지 않았어 오빠." 하는 말에는 말없이 고개를 저었다. 근데 이제는 아예 반말이네. 아무튼, 그녀는 나를 보내고 난 뒤에 작업실에서 한 잔 더 마실 것이라고 말했다. 그것도 혼자. 주량 때문에 헤어졌다는 걔의 마음이 완벽하게 이해되는 순간이었다. 택시를 타면서 "다시는 너랑 술 안 먹어." 하고 말했다. 돌아온 대답은 "약해 빠진 새끼."였다.

자고 일어나서는 정말 최악의 숙취를 겪었다. 변기에다 위액을 게워 내고 나면 곧바로 아랫배가 아팠다. 아랫배에 난 불을 끄고 나면 다시 위장이 울렁거렸다. 심장이 두근거릴 때마다 전신의 맥이 함께 뛰었다. 당연한 말이지만, 그걸 알고만 있는 것과 직접 느끼는 것은 전혀 다른 문제다. 핏줄이 머리를 뚫고 나올 것 같은 두통이 멈춤 없이 계속됐다. 중학 시절 개와의 일 때 느낀 것과 같은 종류였다. 심지어는 전날 타투를 받은 부위가 부어오르는 느낌이 들었다. 그 순간 가장 원망스러운 사람은 나였다. 두 번째는 정이었다. 내 탓을 하기는 싫어서 정에게 책임을 떠넘기기로 결정하고 휴대전화 카메라로 말라비틀어진 나의 얼굴 사진을 찍었다. 그 사진을 정에게 보내며 "야 나 진짜 죽을 것 같아. 살려줘."라는 메시지를 남겼다. 이내 요란한 알림음과 함께 도착한 것은 정이 민낯으로 엄지를 치켜올리고 있는 사진이었다. 그리고 한 줄의 메시지.

〈엄살 부리지 마. 견뎌.〉

진짜 아파서 죽을 것 같았는데도 웃음이 났다.

무던함

무던한 것을 꾸준히 동경해 왔다. 가령, 설거지하던 중에 아끼던 유리컵이 똑 하고 깨져도 "아쉽긴 하지만 여태 많이 썼으니 괜찮아." 하고 말하는 그런 것. 아끼던 것이 부서지는 일이 언제든 벌어질 것을 알고 부디 미결로 남기를 바라지만 정작 이별이 닥쳐왔을 때에는 상황과 사실을 인정하는 것. 상실을 금세 잃을 수 있는 그런 무던함.

어째서 잃고 잊는데 담담한 것을 동경하는지 묻

는다면, 그것이 이별에 대처하는 자세로 옳다고 생각하기 때문이다. 깨져버린 유리잔은 유리잔일까 그저 유리 조각일까? 조각나버린 소중은 여전히 소중일까? 여기에 대한 답을 알지는 못하지만 적어도 조각나고 깨져버린 것을 다시 쓸 수 없다는 것은 알고 있다. 하나하나 주워 모아 붙여 다시 이전과 비슷한 형태를 찾는다고 해도 전처럼 아끼는 마음을 가질 수는 없다.

나는 그런 것들이 슬프다. 부서져 다시는 소중히 여길 수 없는 것들에 대한 애도가 길다. 가슴이 베이는 줄도 모르고 조각난 소중을 그러안고 등을 들썩인다. 이제는 아무 소용 없는 것에 다친다, 이제는 어떤 기쁨도 줄 수 없는 것에 기댄다, 이제는 없는 것을 그린다, 완전히 제 모습을 잃은 것을 다시 소유하고 싶어 한다, 이룰 수 없는 것에 대한 욕심이 부푼다. 그 욕심의 크기만큼 다른 것을 담을 수 있는 공간이 줄어든다. 속이 좁은 나에게는 무척 치명적인 일이다.

그래서 무던한 것을 동경한다. 쓸모없어진 것을 쉽게 인정하는 힘. 아쉬움을 가지고도 단숨에 버려내는 단호함을 갖고 싶어 한다. 깨지고 부서진 소중을 떠올리며 웃을 수 있는 그 강함. 다치지 않고 이별하는 그 무던함을 부단히 부러워하는 것이다.

교환 환불이 어려운

 근검절약과 환경보호를 실천하기 위해 온라인으로 주문한 20,000원짜리 빈티지 자켓. 겉보기에는 멀쩡했던 지퍼가 고장 나 있었다. 지하철역 화장실에서 쇼핑몰 고객센터에 전화를 걸었다. 몇 번의 통화 연결이 실패로 돌아갔지만, 매번 통화 연결음을 끝까지 듣는 끈질긴 노력 끝에 간신히 연결되는 데 성공했다. 전화를 받은 나른한 목소리를 가진 상담원은 세상 구구절절한 나의 설명을 듣고서 '구제 상품이기 때문에 교환과 환불이 어렵다'는 말만 반복했다. 음, 제가 하고 싶은 말은 교환이나 환불을 해달라는 게 아니고요. 왜 지퍼가 고장 난 것을 미리 알리지 않았냐는 말입니다. 그 점은 정말 죄송해요. 아 네. 뭘 더 말하기도 애매한 그 상황에서 나는 결국 "그래요. 알겠습니다" 하고 말 한 뒤 먼저 전화를 끊었다. 미안하다는데, 해줄 수 있는 게 없다는데, 뭐 어쩌겠어. 나는 졸지에 영하의 날씨에 자켓 지퍼를 열고 다니는 멋쟁이가 되어버렸다. 그때 내가 그 자켓 외에 입고 있던 거라고는 면과 화학섬유가 섞인 초록색 체크 셔츠 한 장뿐이었다.

급히 나가야 했던 탓에 급히 샤워를 했고, 머리카락도 급히 물기만 털었고, 팬티도 바지도 셔츠도 모두 급한 마음으로 입었는데. 하필이면 어제 택배로 받았던 자켓이 떠올랐다. 그냥 입던 옷을 챙겨 입었으면 됐을 것을, 꾸밈욕을 참지 못하고 옷장을 열었다. 드라이클리닝 냄새가 채 빠지지 않은 중고 외투를 몸에 걸쳤다. 입고 있던 셔츠보다 살짝 짧은 기장의 야상 자켓. 짙은 회색인 그것의 아래로는 녹색 체크무늬가 삐죽삐죽 튀어나왔다. 그 모양이 내 분위기와 기가 막히게 어울렸다. 절대 그럴 리 없다는 걸 알지만 내 얼굴이 잘생겨 보이기까지 했다. 그날의 착장이 마음에 들 때면 거울 앞에서 엉덩이를 흔든다. 그때의 나는 조성모처럼 자켓을 펄럭이며 엉덩이를 흔들었다. 그 짓을 하며 얼마 없는 시간을 낭비하다가 부랴부랴 백팩을 둘러멨다. 현관에서 고민 없이 고른 신발은 검은색 캔버스화였다.

그날의 나는 일기예보를 숙지하지 못했다. 그것이 지척에 찾아온 재앙이라는 사실을 깨달은 것은 20분을 걸어 지하철역에 도착한 뒤였다. 전날의 기온이 영상 10도를 웃도는 온화한 날씨였기 때문에 고작 하루 새에 영하의 강추위가 찾아올 것이라고는 생각하지 못했다. 게다가 망할 체질마저 나를 속였다. 일반적인 사람이었다면 분명 집을 나서자마자 발을 돌렸을 텐데. 나는 한겨울에도 움직이기만 하면 땀을 흘리는 육수 인간. 샤워를 하고, 머리를 말리고, 옷을 찾아 입는 일만으로 심한 더위를 느꼈다. 손부채질하며 현관문을 박찬 뒤에는 약속 시간에 늦지 않기 위해 걸음을 재촉했다. 보행 신호의 타이밍이 어찌나 완벽한지 걸음을 멈추는 일 없이 지하철역에 도착했다. 늦지 않을 수 있어서 다행이라는 생각을 했다. 내가 타야 할 전철이 도착할 때까지는 시간이 꽤 남은 것을 확인하고 플랫폼에 서서 숨을 돌렸다. 그러다 문득 주변에 서 있는 사람들의 옷차림에서 위화감을 느꼈다. 두꺼운 패딩과 무거운 모직 코트. 나의 축축한 손과 발은 얼어 붙어있었다. 아직 덜 물기가 덜 말라 무거울 터인 머리카락이 삐죽하고 솟아올랐다. 그때 나는 직감했다. 와씨, 무조건 감기 걸린다. 어쩐지 운수가 좋더라니.

허벅지에 얼음이라도 가져다 댄 듯 체온이 급격히 떨어졌다. 종일 멀쩡히 걸어 다니다 집에 돌아와서 발견한 멍이 갑자기 욱신대는 것처럼, 날씨가 춥다는 것을 인지하자마자 콜록콜록 잔기침이 나왔다. 당시는 코로나19의 확진이 사형선고와 다를 것 없던 때였다. 같은 칸에 함께 서 있던 사람들이 나에게서 점점 멀어지는 것이 느껴졌다. 평일 8시 30분의 1호선 치고는 지나치게 쾌적했다. 이런, 추우니까 좀 붙어주십쇼.

약속 장소인 카페에 도착해 승의 맞은편에 앉았을 때 들은 첫 마디는 "미친 새끼."였다. 내가 아이스 아메리카노를 주문한 뒤에 자리에 왔다는 사실을 알지 못했는데도 그랬다. 승은 벌벌 떨고 있는 내게 가방에서 꺼내든 지저분한 뭔가를 건넸다. "작년

겨울에 가방에 넣어 놓은 손난로인데, 아직 쓸 수 있을 걸?" 나는 그녀의 말이 끝나기도 전에 그것을 낚아채 비닐을 찢었다. 히터로 덥혀진 소파에 몸을 파묻고 손난로를 부지런히 흔들었다.

    승이 들려준 음악은 퍽 마음에 들었다. 그녀는 복잡한 표정으로 "조금 난잡하지 않아?" 하고 말했는데, 어쩐지 놀려주고 싶은 생각이 들어 "조금 아니고 엄청." 하고 말했다. 내 얼굴에 묻은 장난기를 눈치챈 그녀는 중지를 치켜세우며 입에 담기 힘든 욕을 연달아 뱉었다. 그날 승이 가져온 책은 〈모든 관계는 말투에서 시작된다〉였다. 노트북을 빼앗아 들고 수정 작업을 하는 중에 음료 완성을 알리는 진동벨이 울렸다. 헤드폰을 벗으려는 내게 양손을 흔들어 보인 그녀는 자리에서 일어나 음료를 가지러 갔다. 얼음으로 가득 차 있는 컵을 가지고 돌아오면서는 나의 뒤통수를 때렸다.

볼이 쏙 들어갈 정도의 압력을 빨대에 주어 가며 커피를 마셨다. 팔뚝은 아직도 차가운데 얼음이 담겨있는 음료는 어쩜 그리 쑥쑥 들어가는지, 내가 느끼고 있는 것이 가짜 추위는 아닌지 의심이 들 정도였다. 춥고 더운 것은 심리적 영향도 꽤 크다. 가령, 나의 경우에는 추운 날씨임에도 몸은 뜨거운 경우가 있고는 했다. 한겨울의 야외에서 일해본 사람들은 알겠지만, 영하 10도의 날씨에도 등과 어깨를 펴고 업무에 집중하다 보면 어느새 추위를 잊게 된다. 아이스 아메리카노를 삼키며 했던 생각은 '정말 추운 게 아니라 옷이 얇다고 생각해서 추운 건가?'였다.

그 생각을 전해 들은 승은 내 말에 일리가 있다고 했다. 자신이 입은 양모 후드티셔츠와 패딩 조끼도 보이는 것처럼 따뜻하지 않다고, 카페까지 걸어오는 길에 겨드랑이에 양손을 끼고서도 오들오들 떨었다고 했다. 내 이론대로라면, 춥지 않다는 생각을 진심으로 한다면, 우리는 결코 춥지 않을 수 있다고. 점심 식사를 위해 자리를 이동할 때 몸과 마음을 단단히 정비하고 출발하자고 말했다. 나는 그녀의 말도 안 되는 계획에 고개를 세차게 끄덕였다. 그럴듯한 미친 소리는 정론보다 끌리기 마련이다.

우리는 몸을 최대한 따뜻하게 만들기로 했다. 승의 가방에 남아있던 손난로 몇 개를 더 터트려 몸 구석구석을 덥혔다. 실내 난방이 되고 있는 카페에서 그러고 있으니 부끄러운 기분이 들긴 했지만, 기본적으로 당장 따뜻한 몸을 가지고 있어야 춥지 않다고 생각할 수 있을 것이라는 승의 말에 수긍했다. 부스럭 부스럭. 옷 안의 맨살에 손을 집어넣고 쓱싹 쓱싹 비벼 대는 남녀. 문득 주변의 시선을 느낀 내가 "야. 그냥 넣어 놓자."라고 말하자, 그녀는 그제야 본인에게 모여 있는 눈을 인지하고 고개를 푹 숙였다. 결국 우리가 선택한 부위는 각자 세 곳. 나는 목뒤, 가슴팍, 그리고 사타구니. 그녀는 목뒤와 가슴골, 그리고 오른쪽 팔뚝이었다.

"왜 한쪽 팔은 포기해?"
"한 팔은 옷 안에 넣으면 돼, 상크스처럼."

몸에 핫팩을 두른 채로 음악과 만화 이야기를 했다. "자켓 예쁘긴 하네." 하는 칭찬에는 "지퍼가 고장 났어."라고 대답했다. 걱정스러운 눈빛으로 나를 바라본 그녀는 잠깐 고민하다가 싶더니 이내 본인이 입고 있던 패딩 조끼를 건네려고 했는데, 나는 "한 명이라도 살아야 해." 하고 사양했다. 게다가 그녀에게 받은 핫팩은 오래되긴 했지만, 성능만은 여전해서 이대로 맨살에 두었다가 화상을 입는 게 아닐까 싶을 정도였다. 그 이상의 도움을 바라는 것은 과욕이었다.

점점 달아오르는 몸. 이마를 만져보니 땀이 맺혔다. 맞은 편에서 몸을 웅크리고 있는 승은 여전히 뽀송뽀송해 보였다. 휴대전화로 퍼즐 게임을 하던 그녀는 볼을 타고 흐르는 나의 땀을 발견하더니 부럽다고 말했다. 지겹네, 또 무슨 헛소리야.

"멍청이냐? 땀나면 더 추워."

"응 알아, 근데 그렇게 땀이 쉽게 나면 살 빠질 것 같아서."

"그건 아닌데, 집에 육수는 안 사도 돼. 한 뚝배기 할래?"

"미친놈이냐? 꺼져. 돼지 육수 안 좋아해."

티격태격. 장난 섞인 말다툼. 이렇게 원활히 농담이 굴러가는 것은 승의 기분이 좋은 것을 알리는 바로미터였다. 기분이 좋지 않을 때였다면 부럽다는 말조차 하지 않았을 것이다. 아니, 어쩌면 약속을 취소하고 집에 틀어박혀 있었을 수도 있다. 아마 휴대전화를 꺼놓은 채로. 심한 우울증에 시달리던 그녀가 내 말장난을 받아 치는 날에는 안도감이 느껴졌다. 얘 그래도 한동안은 살겠구나, 하는 생각이 들었기 때문이다. 이어지는 농담 따먹기 끝에 나온 "나 이제 배고파."라는 말은 더 좋은 신호다. 그녀는 평소에 끼니를 잘 챙기지 않았으니까.

그녀는 이왕 도전하는 김에 더 미친 짓을 해보자고 했다. 내가 "이것보다 더?" 하며 진화를 시도했음에도 이미 미쳐 있는 눈빛은 사그라들 기미를 보이지 않았다. 그녀가 무언가에 흥미를 느낀다는 사실이 기뻤지만 동시에 걱정됐다. 물론, 걱정했던 건 그녀가 아니라 나다. 걔가 어떤 미친 생각을 가지고 있는지 듣고 싶지 않았다. 휴대전화에서 무언가를 검색하기 시작한 그녀. 차가운 음식을 먹자는 또라이 같은 말만은 하지 않기를 바랐다. 그리고 들려오는 한마디.

"냉면 맛있겠다."

아 제발.

우리는 카페의 출입구 앞에서 몸을 부풀리듯 어깨를 펴는 연습을 했다. 얼마 전 다큐멘터리에서 본 산쑥들꿩의 구애 행위 같다고 생각했지만 웃음을 터트릴 수는 없었다. 먼저 몸을 움츠리는 사람이 점심을 사는 내기를 한 것이 그 이유였다. 얄팍한 유리문 사이로 새어 들어오는 바람이 목에 닿았을 때 이미 어깨가 움찔거렸지만, 그날만은 절대 질 수 없다고 생각했다. 그녀와 한 내기 중에 이겨 본 것이 없었기(사실은 대부분이 져준 것이지만) 때문에 '오늘만은 꼭!'이라는 마음으로 문을 힘껏 열어젖혔다.

냉면 가게를 향해 걷는 동안 우리는 꼭 펭귄 같았다. 가슴을 과하게 내밀고 뒤뚱뒤뚱. 우리를 덮쳐오는 맞바람에 머리가 엉망으로 휘날려도 고개를 숙일 수 없었다. 차라리 진짜 펭귄이었으면 좋았을 것을. "야 그냥 편하게 가자! 더치페이해!" 하는 승의 말은 들은 체도 하지 않았다. 핫팩으로 올려 둔 체온이 실시간으로 떨어졌다. 이에서 딱딱 소리가 나도록 턱을 떨었다. 셔츠를 뚫고 들어오는 바람이 땀에 젖은 나를 순식간에 얼렸다. 고작 냉면 한 그릇 얻어먹자고 이게 뭐 하는 짓인가 싶었다. 본전을 찾기 위해 남은 돈을 베팅하는 도박사의 마음을 완전히 이해하는 순간이었다.

결국 내기에서는 내가 승리했다. 오랜만에 세팅한 앞머리가 망가지는 것을 도저히 참지 못한 승이 몰아치는 바람에 못 이겨 패배를 선언하고 고개를 숙였기 때문이다. 문제는, 벌벌 떨면서 도착한 냉면집이 문을 닫았다는 것이었다. "아, 낭만이었는데." 하며 실망하는 그녀를 보니 마음이 편하지 않았다. 다른 냉면집이라도 찾아봐야 하는 게 아닌가를 고민하다 문득 기발한 생각 하나가 떠올랐다.

"냉면이 먹고 싶은 게 아니라 낭만을 원하는 거면 편의점 앞에서 라면 먹는 건 어때?"
"와! 혹시 서울대를 나오셨나요?"
"동아방송대요."
"아. 넵."

나의 번뜩이는 아이디어에 놀란 그녀는 편의점으로 이동하는 내내 추위에 벌벌 떨면서도 라면을 예찬했다. "겨울엔 역시 밖에서 뜨거운 음식이지!

그중에서도 제일은 라면이지! 편의점이라면 핫바도 있지!" 마치, 달의 모습이 변한다는 걸 처음 깨달은 아이처럼 조잘거렸다. 거기에 더해 냉면을 선택한 본인의 어리석음이 한심하다는 듯 말하기도 했다. "냉면 같은 건 필요 없어! 그딴 건 여름에나 먹자! 밖에서 먹지도 못하는 하찮은 음식! 냉면 꺼져!" 음, 진짜 초딩이냐?

이윽고 멋들어진 초록색 간판의 편의점에 도착한 우리는 매장에 들어가 각자의 라면을 골랐다. 그곳은 너무나 평온하고 따뜻해서 꼭 시골길 끝에 있는 할머니의 집 같이 느껴졌다. 나는 왕뚜껑을, 승은 육개장을 골랐다. 물론 핫바와 김밥을 사는 것도 잊지 않았다. 김이 펄펄 나는 끓는 물을 붓는 선보다 조금 아래까지만 받았다. 그녀는 내게 "나트륨에 찌든 현대 사회인이군." 하고 말했다. 그러면서 본인은 선보다 훨씬 아래까지만 물을 받았다.

"난 우울증 환자시다. 으하하." 아줌마, 그건 저도 마찬가진데요.

　매장 내에 있는 테이블에 앉자고 말했다. 간곡하고, 진심이 담긴 부탁이고 갈구였다. 따뜻하고 아름다운 그곳을 벗어나고 싶지 않았다. 평소 같으면 절대 쓰지 않을 "제발."이라는 말까지 써가며 승을 설득했다. 물론, 낭만이라는 허울만 좋은 쓸데없는 짓에 뇌가 절여진 그녀는 "조까 인마. 당장 나와."라고 말하며 내 팔을 잡아끌었다. 도축장에 끌려가는 소가 된 기분이었다.

　마음이 꺾인 내게 야외의 바람은 상상도 하지 못할 추위를 선물했다. 당장이라도 왕뚜껑을 열어 국물을 들이켜고 싶었다. 아직 3분이 안 됐다고? 느리게 흐르는 시간이 야속했다. 젊음을 조금 더 빠르게 낭비해도 좋으니 얼른 시간이 흘렀으면 좋겠다고 생각했다. 반면 승은 뭐가 그리 신나는지 콧노래까지 불렀다. 그녀는 오들오들 떨면서 김이 펄펄 나는 핫바를 후후 불어 물었다. 후- 하- 후- 하- 하는 소리를 내며 음식을 씹는 그 모습이 너무 밉살스러워서 나무젓가락으로 이마를 때렸다. 나는 핫바로 이마를 맞았다.

인고의 시간이 흐른 뒤. 면발을 입에 잔뜩 욱여넣고 뜨거운 국물을 한 모금 마시는 순간, 불만은 눈 녹듯 사라졌다. 우리는 별다른 대화도 하지 않고 입에 음식을 집어넣었다. 그 추운 날씨에도 이마에서는 구슬땀이 흘렀다. 이번에는 승의 이마에도 땀이 맺혔다. 청양고추가 들어간 핫바가 꽤 매운 모양이었다. 내가 음식을 다 먹은 뒤에도 그녀는 한참이나 더 음식을 먹었다. 내 주린 배를 채우고 나니 '얘가 이렇게 잘 먹는 건 처음 보네.' 하는 생각이 들었다. 그러다 문득 든 생각. "근데 이런 낭만을 즐기려면 조금 더 기다렸다가 눈 올 때 하면 더 좋잖아. 옷도 챙겨 입고." 승은 대답을 하지 않고 몇 남지 않은 라면 면발을 건져 먹었다. 그리고 막걸리를 마시는 움직임으로 남은 국물을 해치웠다. 이어서 "내가 눈을 때까지 살아있다는 보장이 없으니까."라고 말하면서 김밥을 하나 집어 먹었다. "내 차 트렁크에 번개탄 항시 대기 중!"

나는 그녀의 농담 같지 않은 농담에 무척 짜증이 났지만 별 대수롭지 않은 척을 하며 "뒈질 거면 내년까진 참아."라고 말했다. 왜 그래야 하냐는 물음에는 "얼마 전에 사주 봤는데, 가까운 사람 한 명이 위험할 수도 있댔거든. 너 죽으면 괜히 나 때문인 거 같잖아."라고 대답했다. 그 말을 들은 승은 잠깐 웃음을 참는가 싶더니 이내 박장대소하며 말했다. "죽지 말라는 말을 누가 그렇게 해!" 들어본 위로나 만류 중에 최고라고도 말했다. 내가 한 말 덕분에 올해 안에 죽지는 않을 것 같다고 했다. 나는 별

다른 말 없이 그녀가 웃는 것을 지켜보다가 아무것도 아닌 일을 말하는 것처럼 담담하게 사주에서 '올해'는 내년의 음력 설까지라는 사실을 알려주었다. 그 말을 들은 승은 허리를 젖히고 숨넘어갈 듯 웃다가 의자가 뒤집어질 뻔했다. "야 너 지금 죽을 뻔했다. 제발 조심해." 하는 말 뒤에는 테이블에 머리를 처박고서 우는지 웃는지 알 수 없는 상태가 되었다.

승이 제정신을 찾는 데까지는 꽤 오랜 시간이 걸렸다. 그사이 나는 살아있는 동태, 아니. 살아있는 동인이 되어가고 있었다. 어쩌면 곧 '살아있는'이라는 수식어 또한 잃을지도 모른다는 생각이 들었다. 땀에 젖은 셔츠와 칼바람. 올라가지 않는 지퍼와 떨어지는 온도. 파들파들 떨리는 몸과 굳어버린 표정. 한참이나 내 위로법을 되뇌던 승은 겨우 웃음을 진정시킨 다음이 되어서야 그런 나를 발견했다. "올해 안에 죽는 건 너겠는데?" 하는 말과 함께 테이블 위에 널브러져 있는 쓰레기를 정리했다. 그때도 나는 무릎을 껴안고 떨고 있을 수밖에 없었다. 머릿속에선 더 이상 농담도 떠오르지 않았다. 의식만이 흘렀다. 동태, 그래. 나는 동태에 몰입했다.

-

 누군가 품에 넣어둔 핫팩의 남은 온기를 그러안는다. 그런 그를 보며 대화를 나누는 빛무리들. 별로 남은 게 없어. 그래도 있기는 한가 봐요. 영하의 온도도 열에너지가 있는 상태래. 그러니까, 동태도 온기를 모아 얼린 거야. 하필 비유가 동태. 왜냐면 걘 우리처럼 죽어있잖아. 얼음은 평화롭고 드라이아이스는 역동적이다. 죽었다기에는 너무 뜨거워요. 델 정도로. 바락 뜬 동태의 눈깔에서 눈물이 흐른다. 나도 밥상엔 따뜻하게 올라가요. 아마 난 그 상에서 가장 뜨거울 텐데요. 그러니까 말이야. 남 앞에서만 뜨거운 걸 죽었다고 해. 그렇지만 쟨 나보다 더 죽어 있는걸요. 짧은 지느러미를 버둥대며 그를 가리키는 동태. 엊그제도 죽고 싶다 울어 놓고는 남은 살길 바라는 꼴 좀 봐요. 쟨 심지어 상 위에서도 차가울 거예요. 조각난 참치 같은 놈. 해파리냉채 같은 놈. 이 바보야. 가장 죽고 싶어 하는 인간이 가장 살아있는 거야. 살아있다는 걸 너무 잘 알아서 죽고 싶은 것뿐이야. 흥. 동태는 코웃음을 치고 궤변 사이를 헤엄친다. 그런 말은 아무나 할 수 있는 거야.

-

"야. 여기서 자면 죽어."

눈을 감고 망상에 잠겨 있는 내 어깨를 치는 승. 편의점 안에다 쓰레기를 버리고 돌아온 그녀의 손에는 쌍화탕 한 병이 들려 있었다. 대추가 그려진 까만 유리병이 그렇게 반가운 건 생애 처음이었다. 빼앗듯 병을 빼앗아 목이 칼칼해지는 액체를 목에다 때려 넣었다. "야 근처에 모텔 하나만 잡아줘라. 집에 못 가겠다." "조까." "이미 깠어." 볼이 얼어서 입꼬리가 평소처럼 올라가지 않았다. "빨리 집에 가자. 나도 이제 추워." 이제야 춥다고 말하는 승이 괜히 원망스러웠다.

승은 지하철역을 향해 걸으면서 낭만이 얼마나 삶에 도움이 되는지 열변을 토했다. 나는 오늘을 떠올리며 살 거야! 너무 인상 깊어! 네가 추위에 벌벌 떠는 모습이 평생 잊히지 않을 거야! 지퍼가 고장 난 빈티지 자켓 만세! 나는 그 말들에 딱히 동의하지는 않았다. 다만 금세 잊기에는 꽤 인상적이라는 것만은 동의했다. 그날 뒤에 낭만이라는 단어를 듣게 되었을 때는 승과의 그 순간들을 떠올릴 것 같았다.

서로 반대 방향의 지하철을 타야 했던 우리는 개찰구 앞에서 헤어졌다. 손을 흔들지도 않고 뒤돌아 갈 길을 가는 승. 그녀의 뒷모습이 어느 때보다 가벼워 보여서 마음이 놓였다. 지하철을 타고 집으로 돌아가는 길. 창밖으로는 한강의 윤슬이 눈부셨다. 열차의 따뜻함에는 몸이 녹았다. 의자에 몸을 파묻은 채 이어폰을 귀에 꽂고 눈을 감았다. 동태와 함께 한강을 수영하는 이상한 꿈을 꿨다.

집에 돌아와서는 바로 자켓을 벗어 쓰레기봉투에 집어넣었다. 그러고는 몸이 익을 정도로 뜨거운 물로 샤워를 했다. 급격히 변하는 체온에 비강이 꽉 막히는 느낌이 났다. 머리를 말리면서 느낀 어지러움에 직감했다. 아, 난 오늘 밤부터 감기로 인한 죽음을 경험하겠구나. 감기로 죽는 사람이 매년 5,000명이라는데, 자살보다 희귀한 죽음이군. 전기장판을 켜고 이불에 몸을 맡겼다. 머리맡에는 물과 타이레놀을 준비해 둔 상태였다.

잠들기 전 미리 약을 먹었지만, 효과가 없었다. 아니, 있었겠지만 의미가 없었다. 약이 작용하고도 그 정도의 고통이었던 거겠지. 한숨 자고 일어난 뒤 늦은 저녁이 되자 콧물이 줄줄 흘렀다. 머리는 망치로 맞은 것처럼 띵- 하는 느낌으로 아팠다. 그 와중에 다시 잠이 오지는 않아서 휴대전화를 확인했다. 잠들고 난 뒤에 도착한 메시지가 하나 있었다.

〈고마워, 난 오늘의 낭만을 떠올리며 살아가는 순간이 정말 많을 것 같아. 네 말처럼 눈이 올 때를 기다렸어도 좋았겠지만, 너도 알다시피 나는 오늘을 살아서 끝낼 자신도 없는 멍청이거든. 물론, 넌 감기에 걸렸겠지만, 난 너에게 그 자켓을 보낸 빈티지 숍에 감사할 거야. 네가 그렇게 추워하지 않았다면 오늘은 오늘이 아니었을 것 같거든. 낭만 천재! 몸조리 잘하고. 음악 피드백도 고마워! 다음에 또 보자!〉

    나의 답장은 "싫어."였다. 그땐 그 말이 진심이었는데, 그날을 이렇게 상세히 기억하는 것을 보면 나 또한 그 낭만에 취해 있었는지도 모르겠다. 답장을 보내고 나서는 침대에 걸터앉아 담배를 피웠다. 코가 막혀서 그런지 담배 맛이 밍숭맹숭 싱거웠다. 그래도 니코틴은 폐를 통해 착실히 뇌로 전달됐다. 핑. 어지러운 시야와 나른해지는 몸. 마실 물을 따라 둔 종이컵에 담배꽁초를 찔러 넣고 다시 베개에 머리를 뉘었다. 쿨럭쿨럭 기침 몇 번과 함께 목과 머리에 통증이 일었다. 그딴 짓을 하고 이렇게 심한 감기에 걸리다니. 그날의 추억은 며칠 떠올리다 말기에는 값이 너무 비쌌다. 아무래도, 교환과 환불이 어려운 낭만이었다.

-

얼마 전 정말 오랜만에 승에게 연락을 했다. 그녀는 굉장히 건강해져서 지금은 "세상엔 재밌는 게 너무 많아!" 하고 말하는 사람이 되어있었다. 그런 그녀에게 요즘의 나는 글을 쓰고 있다는 이야기와 함께 "우리 밖에서 라면 먹었던 일을 쓸 거야."라고 말했는데, 돌아오는 대답은 "우리가 밖에서 라면을 먹었어?"였다.

그, 환불 좀 해줄래?
중고라 안 돼요.

대 환장 헛소리 파티

그러니까, 민과 우와 나. 셋이 함께 일과를 마치고 난 뒤의 소등 후. 각자의 잠자리에 누웠을 때 벌어지는 일이었다. 어떤 때는 생로병사의 비밀만큼 심오하고, 어떤 때는 폭소클럽보다 우습고, 어떤 때는 정치인의 범죄 기사보다 당황스러운. 아, 이건 별로 당황스러운 일은 아닌가? 아무튼 그런 고귀하고도 천박한. 우리 셋이 같은 공간에서 잠을 청할 때 벌어지는 의식과도 같은 것. 바로 대환장 헛소리 파티 되시겠다.

시작은 우리 셋 중 하나가 아니라 수가 했던 것 같은데, 그놈은 어느새 쏙 빠져버리고 파티를 벌이는 우리를 한심하게 쳐다봤다. 아마, 본인은 짧게 치는 농담 정도에 사용했던 그 유머 방식을 몇십 분씩 쉬지 않고 이어가는 탓인 것 같았다. 아니면 우리 사이에 끼어들 실력이 없었거나. 왜, 그렇지 않은가? 축구를 제일 처음 한 사람이 가장 멋진 플레이를 보여주는 선수는 아닐 것이다. 자전거를 만든 사람이 현역 선수보다 빠르게 페달을 밟는다는 보장도 없다. 그런 것들처럼, 시작은 수가 했을지는 모르지만, 발전과 부흥, 그리고 대중화는 우리가 해냈으니 어떻게 보면 우리가 헛소리 파티의 주인공인 것이다. 볼링도 원조를 따지자면 고대 이집트의 것이나 마르틴 루터의 9핀 케글링이 있었지만, 현시대에는 미국의 10핀 볼링이 대표 격인 것처럼 말이다.

그래서 그게 뭐냐고? 별다른 것 없는 헛소리다.

말 그대로 밑도 끝도 없는 언어유희다. 그것을 유희라는 단어로 표현해도 좋을지 잠깐 고민했지만, 놀고 즐긴다는 그 의미 자체로 본다면 유희만큼 어울리는 단어도 없다. 서론이 무척 길었지만, 정말 중요한 건 지금부터다. 여러분께 집에서 헛소리 파티를 벌이는 방법을 설명할 테니까.

굳이 파티를 벌이지 않고 일상생활 중의 농담으로 써먹어도 좋다. 물론, 그 뒤에 겪게 될 사회적인 이미지 추락은 저자가 책임지지 않는다. 이것을 행할 때는 약간의 머뭇거림도 허용되지 않는다. 앞사람의 말과 너무 긴 시간을 두고 뱉거나 상대가 모르는 단어를 사용하는 것 또한 실패의 원인이다. 가장 중요한 것은 자신감과 뻔뻔함이다. 이 행위를 성공적으로 해내기 위해서는 아래 나열된 것을 꼭 기억하라. 내가 정한 대 환장 헛소리 파티의 법칙 세

가지다.

법칙 첫 번째. 상대의 반응을 신경 쓰지 말 것.
법칙 두 번째. 웃음을 뽑아낼 때까지 멈추지 말 것.
법칙 세 번째. 실소도 웃음이라고 인정할 것.

법칙을 통한 마인드 훈련으로 마음이 단단해졌다면 이제는 실전을 치러야 할 차례다. 파티를 시작하기 전 함께 즐길 인원을 모은다. 최소 두 명에서 최대 네 명 정도가 초보자들도 쉽게 즐길 수 있는 범위고, 나와 민과 우처럼 3인 모임이 파티를 진행하기에 가장 적절하다. 일상생활에 적용한다면 정말 여러 가지 방법이 있지만 파티를 진행할 때는 보통 '~보다는' 룰을 이용한다. 한 번 입으로 소리 내 말해보자. "보다는." 아주 좋다. 그럼 이제 예를 한 번 들어보자.

가령 파티 참가자 중 한 명이 "아, 오늘 저녁에 먹은 파스타 엄청 맛있었다." 하고 말한다면, 당신은 저 말 사이에서 가장 편하게 유희할 수 있는 단어를 고른다. 이 문장에서 내가 고를 법한 단어는 '파스타'다. 보통은 명사를 고른다. 그리고 유희의 방식을 골라야 한다. 나 정도의 숙련자가 된다면 상대의 말이 끝나자마자 내뱉는 프리스타일 헛소리도 유효타가 될 수 있지만, 당신이 만약 초보자라면 그저 1차원적인 헛소리만이 가능하기에 0.5초 정도 고민의 시간이 필요할 것이다.

유희하는 것에 딱히 정해진 규칙은 없지만, 그래도 고전은 있다. 파스타에서 떠올릴 수 있는 다른 단어들을 떠올려 보자. 맛스타, 투스타, 슈팅스타와 같이 '스타'에 초점을 맞춘 단어. 파스칼, 파스텔, 파스퇴르와 같이 '파스'에 초점을 맞춘 단어가 있다. 이렇게 떠올려 낸 단어를 상대가 앞서 꺼내 둔 단어와 함께 룰에 적용한다. 가령, "역시 파스타보다는 맛스타지." 하는 식이다. 이게 뭐가 재밌냐고? 사람들과 드러누워서 10분만 이어가 보라. 헛소리 파티는 평양냉면 같은 맛이다. 앞사람 걸 빼앗아 한 젓가락 맛만 봐서는 무슨 매력인지 절대로 알 수 없다.

그렇다고 해서 저런 방식으로만 언어를 유희해야 하는 것은 아니다. 그 어떤 방식이라도 관계없다. 가령 "파스타보다는 맛스타지."로 공격을 받았다면 "맛스타보다는 맘스타치." 같은 라임(rhyme)식 유희도 좋고, "맛스타보다는 라보떼지."(맛스타와 라보떼 모두 군대에서 먹고 마시는 식음료)와 같은 분류별 유희도 좋다. 제약이 하나 있다면, 내가 뱉은 유희를 자리에 있는 모두가 인정해야만 공격권을 넘길 수 있는 것. 만약 인정받지 못하면 인정받을 때까지 다시 단어를 뱉어내야 하는데, 한 명의 차례가 너무 길어지게 되면 파티의 즐거움을 망칠 수 있기에 그리 깐깐한 필터링을 하지는 않는다. 배틀이라면 말이 다르겠지만, 헛소리 파티는 말 그대로 파티다. 우리 모두 잔칫날에 심각해지지는 말자. 아, 그리고 우리처럼 암묵적 동의를 얻고 있는 관계가 아니라면 상대의 의사는 꼭 묻고 진행할 수 있도록 하자. 그건 헛소리뿐 아니라 모든 행동과 상황에서 필요한 매너다.

공덕의 통신사의 콜센터에서 일하던 나, 청담동에서 발레파킹을 하던 우, 잠실의 피시방에서 일하던 민. 그 생존을 위한 삶이 끝나고 나면 우리는 방이시장의 차가운 지하 방에 모여 꿈을 위한 삶을 살았다. 개인 방이 없던 우리가 함께 모이는 때면 함께 음악을 듣고, 뮤직비디오를 봤다. 삶을 위한 삶의 결핍. 우리에게 주어진 개인 여가라고는 잠들기 전 몇 분의 침묵뿐이었다.

그곳에서 우리는 지난한 시간을 공유했다. 다른 친구가 돈을 아끼기 위해 혼자 편의점 도시락을 먹겠다고 할 때면 십시일반 돈을 모아 밥을 샀고, 누군가는 부모님이 사주었다던 음향 장비를 사기 위해 매달 돈을 모으는 계를 했고, 쉬는 날에는 늦은 점심까지 음악을 틀고 뒹굴뒹굴하다 4,500원짜리 칼국수를 먹으러 가던. 그 가난하고 즐거웠던 시절을 함께했다.

물론, 그때의 우리는 가난한 줄은 알았지만, 즐거운 줄은 몰랐다. 하루를 한 끼로 버티는 친구에게 매일 밥을 사줄 수 없는 가난이 싫었고, 더 좋은 것들을 사지 못하는 가난이 미웠고, 7,000원짜리 돈가스를 먹을 때도 손을 떨어야 했던 가난이 원망스러웠기 때문이다. 큰 문제는 작은 행복을 가린다. 가려져 있던 것은 다시는 손에 닿지 않을 정도로 멀리 와버린 뒤가 되어서야 발견할 수 있었다. 내가 가장 아쉬운 건 죽을 각오로 노력하지 않았던 것이나, 모든 기회에 부딪혀 보지 않았던 것이 아니다. 가장 가까운 곳에 있었던 자그마한 행복을 인지하지 못한 일이다.

상황들이 폭우처럼 쏟아지던 내게 헛소리 파티는 발을 디딜 흙더미 같은 것이었다. 의미라고는 없는 단어들에 '보다는'을 붙여가며 그것이 진리인 양 당당하게 외칠 때면, 고작 담뱃값이 남은 계좌와 정신과 진료일을 같은 것을 잊고는 했다. 그러다 가끔 터지는 폭소와 기발한 헛소리는 사회의 무게에 눌려 굳은 어깨를 들썩이게 했고, 그저 헛소리를 늘어놓는 시간일 뿐인 그 밤을 사랑할 수밖에 없게 했다. 그렇게 사소한 것에 행복할 줄 알았으면서 행복했다는 것을 왜 알지 못했을까. 지금에 와서는 당장 괴로운 내가 놓치고 있는 행복이 없는지 주변을 둘러보게 하는 기억이다.

누구에게나 나의 헛소리 파티 같은 것이 있을 것이다. 정말 별것이 아님에도 나를 기쁘게 하는 것. 최근에는 자주 하지 못한 일이더라도 떠올리면 꼭 기분이 좋아지는 것. 그때의 사람들과 다시 만나면 또 한 번 하고 싶은 것. 남에게 보이기 부끄럽지만 품 안에서는 소중한 것. 당시에는 가볍게 느꼈으나 지나고 보니 나를 지탱하던 것.

당신의 헛소리 파티는 무엇일까? 맥주를 마시며 맞은편 친구의 입에 땅콩을 던져 넣는 일일까? 우스꽝스러운 사진을 넣은 포스터를 잔뜩 인쇄해 방에 붙여 놓고 맛있는 것을 먹는 일일까? 그게 무엇이든 간에 절대 하찮은 것이 아니라는 걸 알았으면 한다. 지금 당신을 있게 하는 그 쓸모없는 시간을 소중히 여겼으면 한다. 그런 낭비는 추억이 된다. 우리 부디 추억을 낭비하지는 말자.

역시 추억보다는 추어탕이지.

추어탕보다는 추사랑이지.

추사랑보다는 그냥 사랑이지.

우리 사랑하며 삽시다.

연락 한 통 하세요

　　　　　종업원이 내온 두 잔째의 생맥주 거품에 입을 대려는 데 대가 말했다. "형, 나 죽을래. 그냥." 나는 딱히 개의치 않고 "뒤지고 싶으면 곱게 뒤져. 유서에 내 이름은 쓰지 말고." 하고 대답했다. 놈은 몇 초간을 실실 웃더니 "조까셔." 하고 말했고, 거기에 대한 내 대답은 "어."였다.

서울에서 함께 술을 마셨던 그날 이후 우리는 서로 연락하지 않았다. 나는 근근이 살아가는 타지 생활에 점점 지쳐갔고, 대는 고향으로 내려가 그곳에서 요리를 배웠다. SNS에 게시되는 녀석의 삶은 썩 괜찮아 보여서, 그저 잘 지내는 줄로 알았다. 지칠 때면 쪼르르 달려와 죽는소리를 해대는 녀석이었으니 무소식이 희소식이라고. 그렇게 생각했다.

우리는 텍스트 몇 자 주고받지 않는다고 해서 서운해할 사이가 아니라고 생각했다. 그래서 녀석의 생일에도, 요리 자격증을 땄을 때도, 주방보조가 아닌 요리사가 되었을 때도 연락하지 않았다. 그건 내가 앨범을 냈을 때도, 책을 냈을 때도 마찬가지여서 딱히 마음이 무겁지 않았다.

연락이 끊기고 3년이 지났다. 21년 3월쯤 코로나의 영향으로 실직했다는 소식 이후 대의 인스타그램 포스팅은 멈추었고, 우리는 여전히 연락하지 않고 지냈다. 바쁘다는 핑계들이 쌓이고 대의 이름은 그사이에 파묻혀 사라져갔다. 가끔 두둥실 떠오를 때도 있었지만, 먼저 연락하지 않는 것이 괘씸해서 쥐었던 휴대전화를 놓은 적도 있었다. 딱히 그래야 할 사이도 아닌데, 괜한 자존심 싸움을 했다.

여느 날과 다름없이 동이 트기도 전에 깨어나 옷을 갈아입고 출근 준비를 했다. 알람을 끄고서 바로 준비하느라 밤새 온 연락이나 SNS 알림을 확인하지 못했다. 안전화를 신고, 두건을 두르고. 현관을 나서면서 휴대전화 화면을 켰다. 익숙한 이름의 상대에게서 문자가 한 통 와 있었다. 초록색 아이콘 옆으로 떠 있는 미리보기.

부고

급히 내용을 확인하고는 옷을 갈아입었다.

생애 최악의 자존심 싸움이었다고 생각했다.

열일곱에 양친을 잃었던 그의 유서 속에는 가족 없이 친구들만 가득했다. 누구에게 고마웠고, 누구에게 미안했는지. 또, 평안으로 가는 본인의 선택을 지지해달라고, 부디 슬퍼하지 말고 웃어 달라는 말도 있었다. 슬퍼하지 말라는 문장이 허공에서 슬프게 나풀댔다. 스스로 목숨을 버렸으면서 남들에게는 웃기를 바라다니, 여전히 싸가지라고는 없는 녀석이었다.

아, 유서에 내 이름은 없었다. 텍스트 몇 자가 없는 것이 너무 서운했다.

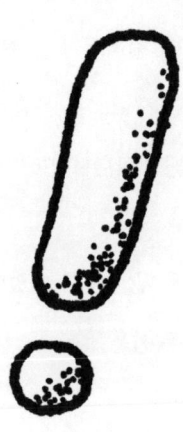

말로 자란 사람

넌 말로 하는 일을 했어야 하는데. 하는 이야기를 종종 듣는다. 별것 아닌 주제로 몇십 분을 떠들다가도 라면 국물에 찬밥을 마는 것처럼 자연스럽게 다른 주제의 대화로 넘어간다. 심각한 대화를 나누는 중에는 진중한 태도로 임하다가도 적당한 타이밍에 말장난이나 자조를 뱉어내 분위기를 뒤바꾸는데도 능하다. 그러니까, 좋게 말하면 분위기 메이커, 사실을 기반으로 말하면 광대 정도가 되시겠다. 친구인 소주 왕자는 '술자리에서 술 취하지 않으면 가장 재밌는 사람 1위'에 나를 꼽았다. 술기운이 올라 졸음에 취하면 말 수가 급격히 줄어드는 것이 그 이유라고 했다. 내가 "그럼 네가 술을 좀 덜 먹이면 되는 거 아냐?" 하고 묻자 "내 앞에 앉아서 술 안 마시는 게 더 재미없어."라고 대답했다. 이런 망할 놈.

내가 사람들과 좋은 관계를 유지할 수 있었던 것 역시 말 덕분이다. 즐거운 이야기뿐만 아니라 평범한 일상 속 대화, 들어 주기 귀찮은 고민 상담도 성의 있어 보이게끔 응해주는 것까지. 전천후로 사용하고 있는 나의 대화하는 능력. 이렇게 이야기하면 마치 타고난 것처럼 들리기는 하겠으나, 사실은 대부분이 후천적인 노력으로 만들어진 것이다. 그 노력을 하기 전의 나는 말을 순화하는 법을 잘 알지 못했다. 정확히는 왜 그래야 하는지를 몰랐다. 그것이 잘못되었다는 사실을 깨닫고 변화하기까지는 여러 상황과 아픔을 겪었다. 그 고난들을 넘어서며 지금의 내가 말하는 방식을 만들어 냈다. 타고나지 못한 것을 잘하게 되는 데에는 어떤 종류의 사연이 있는 법이다. 물론, 지금의 내 화법이 완벽하다고 이야기하고자 하는 것은 아니다. 어떤 말투라도 취향에 따라 호불호가 갈릴 수밖에 없다. 지금의 내 언어습관도 마음에 들지 않는 사람들이 분명 있을 것이다. 그건 뭐 어쩔 수 없지.

-

중학 시절, 엄마가 내게 "진짜 성격 이상하네." 하고 말 한 적이 있다. 사소한 다툼 때문에 크게 신경질을 낸 뒤였다. 그 충격적인 말을 들은 뒤에 했던 생각은 의외로 '뭐래?' 같은 단순한 것이었다. 사실, 그 과격한 문장에 대해서는 전혀 신경이 쓰이지 않았다. 그저 다툼의 잘잘못을 따지는데 정신이 바빴다. 아무리 생각해도 내 잘못이 아닌 것 같았다. 베개에 머리를 처박은 지 한참이 지났음에도 억울함과 짜증이 쉬이 가라앉지 않았다. 그 시절의 나는 감정 절제가 잘되지 않을 때면 스스로 허벅지를 꼬집었다. 소리 없이 소리치게 되는 고통이 지나고 뒤 눈물이 찔끔하고 흐르면 마음이 조금 진정됐다. 그것이 자해의 일종이라는 걸 알게 된 건 한참의 시간이 흐른 뒤였다.

당시엔 몰랐지만, 중학 시절의 나는 분명 주요 우울장애 환자였다. 잠을 잘 자지 못하고, 수시로 위장이 아프고, 몸은 말라가고, 매사에 의욕이 없고, 삶과 죽음에 대해 고민했다. 이 모든 증상을 지금 시대에 겪고 있었다면 응당 정신건강의학과에 방문할 테지만, 그때까지만 해도 우울증이라는 건 의지박약과도 같은 것으로 치부되었다. 엄마도 나도 내가 그런 병에 걸려있을 거라는 상상조차 하지 못했다. 아니, 만약 상상할 수 있었더라도 끝내 부정했을 것이다. 그때의 나는 그저 이상할 정도로 예민한 성격을 가진 아들일 뿐이었다.

그날 밤에는 평소보다 더 잠이 오지 않았다. 토라져서 먹는 둥 마는 둥 했던 찌개가 위장에서 부글부글 끓었다. 변기를 붙잡고 몇 번이나 구역질을 했지만 게워 내지는 것은 아무것도 없었다. 가슴 언저리에서 치솟는 신맛에 침만 연거푸 뱉었다. 잠귀가 밝은 엄마는 이불에서 화장실까지 와서 손수 등을 두들겨 주었다. 그런 사람에게 나는 "괜찮아. 들어가."라는 말과 함께 짜증을 던졌다. 말과 행동이 동시에 달랐던 순간이었다. 내 성화에 못 이겨 안방을 향해 걸으면서도 자꾸 뒤돌아보는 그녀를 밀치듯이 문 사이로 집어넣었다. 입을 헹구고 다시 침대에 누우며 했던 생각은 '그래, 성격 좋은 엄마 아들은 성격이 이상해.'였다. 으, 좀생이.

늦은 아침이 되어서야 눈을 떴다. 창을 가린 커튼 사이로는 진한 볕이 쏟아져 들어오고 있었다. 화창한 날씨 덕인지, 세로토닌의 분비가 갑자기 활성화됐던 건지. 이유는 알 수 없지만, 당시엔 가뭄에 콩 나듯 했던 긍정적인 감정이 솟아올랐다. '엄마, 엄마 아들이 그렇게 이상한 사람일 리가 없잖아요.' 하는 근거 없는 자신감이었다. 몸을 가볍게 일으켜 냉장고 앞까지 털레털레 걸었다. 파란색 플라스틱 물병을 꺼내 물을 벌컥였다. 목을 축인 뒤에는 오랜 수면 탓에 굳은 몸을 여기저기 늘렸다. 스트레칭을 하면서 당시 친하게 지내던 홍에게 전화를 걸었다. 컬러링을 10초쯤 듣자 연결된 통화. 나는 간단한 인사말조차 없이 용건만을 던졌다. "야 나 성격 이상하냐?" 홍은 몇 초간 말을 하지 않다가 이내 떨리는 목소리로 "응." 하고 대답했다. 허리 스트레칭을 하던 자세 그대로 몸이 굳었다. 가슴 부근이 찌릿찌릿,

피가 통하지 않는 느낌이 들었다.

더듬더듬. 말의 첫음절을 몇 번이나 반복하며 왜 그렇게 생각하는지를 물었다. 그렇게까지 자세히 듣고 싶었던 건 아닌데. 홍은 내 성격이 왜, 어떻게 이상한지 아주 상세하게 설명하기 시작했다. 만사에 예민하다, 사사건건 시비를 건다, 중요한 일은 귀찮아하면서 하찮은 일에는 집착한다, 그중에서도 말을 가리지 않고 하는 건 정도가 특히 심하다… 그에게 전해 들은 나의 못난 점들은 무척 다채롭고도 흉흉했다. 내 이야기가 아니라 누군가의 뒷담화를 듣는 것 같았다. 어, 잠깐. 그만. 그럼 넌 그걸 다 참고 나랑 같이 다녔단 말이야?

나의 장점을 하나 꼽자면 말을 재밌게 하는 것이라고 했다. 함께 다니다 보니 이제는 어느 정도 내 신경에 거슬리지 않게 행동하는 방법도 알게 되었다고, 함께 있으면 즐거우니 본인은 괜찮다고 말했다. 음, 그거 괜찮은 거 맞아? 아무튼, 적잖이 충격을 받은 나는 "그래 그럼 이제 꺼져." 하고 친절하게 말한 뒤 인사도 없이 전화를 끊었다. 큰일이다. 내 문제가 이 정도일 줄이야. 당장 내 지랄 맞은 성격을 해결해야만 한다. 아, 젠장. 방금 전 통화도 더럽게 지랄 맞았네. 아무튼, 홍이 말한 것이 모두 사실이라면 나는 당장 따돌림을 당해도 이상할 것이 없었다. 내가 사람들과 대화할 때 어떻게 했더라? 친구들의 입에서 나와 달려오는 말들을 넘어트린 일들이 대뇌피질을 빠르게 스쳤다. 슉 슉 슉 슉 슉… 와, 씨. 이렇게 많아?

깨달음은 순간에 온다고 했던가. 나는 그 순간 세상 그 누구도 모르는 비밀을 눈치챘다. 이럴 수가! 사람들을 상냥하게 대해야 한다니! 생각해 보니 내 주변 사람들은 온통 상냥한 사람들뿐이었다. 스스로 알지 못하는 사이에 그런 사람들의 가까이에 가

주위에 맴돈 것이다. 그런데 그들은 왜 나를 주변에 두었을까? 홍의 말 대로라면 나는 곁에 두어도 좋을 것 하나 없는 인간인데, 어떻게 아직 혼자가 아닐까. 오랜 시간 고민한 뒤에 내가 내렸던 결론은 '어쩌면 나 꽤 상냥한 사람일지도?'였다.

그러나 내 제멋대로인 성격은 분명 증인1(미모의 중년 여성)과 증인2(입술이 두꺼운 중학생)의 증언을 통해 유죄 판결을 받았다. 아무리 아니라고 부정해도 이미 결정된 사실을 바꿀 수는 없었다. 재빨리 나를 고쳐야 유예기간 중의 재범을 막을 텐데, 도무지 방법이 떠오르지 않았다. 한참이나 당장 상냥해질 수 있는 방법에 대해 골몰했다. 그러나, 돌머리를 아무리 열심히 굴려도 답은 나오지 않았다. 꼭 공식을 외우지 못한 수학 문제를 푸는 것 같았다. 결국 생각하기를 포기한 나는 "아 몰라! 다 귀찮아!" 하고 소리치며 침대에 드러누워 재차 잠을 청했다.

그렇게 태어나지 못한 걸 어떻게 하라는 말인가. 잠에서 깬 나는 할 수 있는 것을 먼저 하기로 했다. 가령 더 재밌는 농담을 연구하거나, 말을 꺼내기 전에 한 번 더 생각해 상대의 기분이 상하지 않을 말을 고르는 것 정도였다. 당장 상냥해지는 것은 도저히 불가능하다고 판단했기 때문에 장점은 부각하고 단점은 조금씩 숨기는 방향으로 해결해 보기로 한 것이다. 물론, 그것 또한 생각처럼 잘 되지는 않았다. 여태 스스로가 망나니인 줄 모르고도 망나니처럼 살았는데 어떻게 하루아침에 양반이 될 수 있겠는가! 나는 매일 발전해 나가는 무도인의 마음으로, 하루하루가 대화 수련의 장이라는 생각으로 살았다. 좋은 사람이 되겠다는 분수도 모르는 생각을 하지는 않았다. 그저 성격이 나쁘지는 않은 사람으로 살아갈 수 있게 되는 것을 목표로 했다.

그리고 나는 그 목표에 도달하는 것에 완전히 실패했다. 몇 주 동안 해결책을 실행하며 열심히 노력해 보았지만, 아주 조금이라도 더 나은 사람이 되는 일은 절대 쉽지 않았다. 여러 가지 문제가 있었지만, 그중에서도 타인을 대하는 나의 태도에는 진력이 날 정도였다. 이런 개 싸가지를 인지하지 못한 채로 살아왔다니. 진짜 말도 안 돼. 객관적으로 지켜본 나는 언제 어디서 코피가 터져도 전혀 이상하지 않은 놈이었다. 주위를 둘러보면 여기도 저기도 사춘기가 한창인 촉법소년들뿐인데. 나는 새삼 제 얼굴을 쓰다듬으며 광대뼈가 아직도 제 형태를 유지하고 있는 것에 대해 안도감과 의문을 동시에 느껴야 했다.

문제 해결을 위해 문제를 정의했고, 나름의 해결책도 마련했는데. 대체 뭐가 문제지? 못난 성격의 개조는 앞으로 살아갈 수많은 날을 위해 해야 꼭 해야만 하는 일이었다. 평소에 발생했던 작은 문제들처럼 방치할 수도 없는 노릇이고, 무언가 다른 해결책이 필요했다. 중도적인 방법은 한 번 써보았으니, 강경책을 사용해 볼까? 그것도 아니라면 아예 다른 방법을 써야 할까? 내가 제대로 된 인간이었으면 하지 않아도 되었을 고민을 하느라 두통이 찾아왔다. 버릇처럼 먹던 타이레놀 두 알을 혀에 올려놓고 물병을 여는 중에 전화벨이 울렸다. 물 한 모금으로 두 개의 알약을 꿀꺽 넘겨버리고 곧바로 통화버튼을 눌러 귀에 가져다 댔다.

"여보세요?"

"야! 애들이 니 좀 바낏다든데?"

"뭐가?"

"니 말도 좀 가려서하고. 예민한 것도 덜하고. 뭐, 그렇다 카든데?"

나에게 직접 말해오는 이들은 없었다. 그러나

홍에게 전해지는 말은 있었다. 하긴, 성격이 좋아졌다고 말하는 건 이전에는 좋지 않았다고 말하는 것과 다름없으니, 아무래도 직접 말을 전하기는 어려웠을 것이다. 홍에게 전해 들은 내 변화에 대한 평가. 대부분은 좋은 말들이었고, 몇몇은 적응이 되지 않아서 대하기가 어려워졌다고 했다. 신기하게도 부정적 평가는 없었다.

참 묘한 일이었다. 스스로 생각하기에는 딱히 변한 것이 없는데도 주위의 평가가 좋아졌다. 심지어 조금의 시간이 지나고 나서는 더 많은 친구들이 생기기 시작했다. 어떻게 이런 일이 벌어진 거지? 그저 가지고 있던 문제를 인지한 것뿐인데 이렇게 바뀌어도 되나? 나도 모르는 새 내가 더 나은 사람이 된 것인지, 그저 평가만이 좋아진 것인지 판단을 내리지는 못했지만, 걱정했던 것보다 훨씬 긍정적인 상황임을 깨달은 나는 깊은 안도를 느꼈다. 그 뒤로 따라붙는 스스로에 대한 불신. 안도가 수그러들자마자 앞으로의 계획을 세우기 시작했다. 스스로 실패했다고 생각했지만, 사실은 먹혀들었던 그 해결책. 그것이 앞으로도 쭉 괜찮은 사람으로 살 수 있는 수단이라는 생각이 들었다. 그리고 얼마 가지 않아 나는 깨닫게 된다. 무언가를 해결할 때 하나의 방법만 준비하는 것은 무척 위험한 일이라는 것을. 그것이 통하든 통하지 않든 집착하게 되니까.

당시의 중학생 사이에 만들어져 있던 사회적 구조는 일종의 사이비 종교 같았다. 한 번 몰락하기 시작하면 바닥없는 무저갱에 빠진 듯이 하염없이 아래로 처박혔다. 몇몇이 그 과정을 겪는 것을 지켜본 나는 비겁하게도 '내가 아니어서 다행이다.'라는 생각을 했다. 그때의 나는 낭떠러지 끝에 발가락만 겨우 걸치고 선 채로 떨어지지 않으려 부단히 애

쓰고 있었다.

매일 불안에 시달렸다. 문득문득 이들의 태도가 언제든지 돌변할 수도 있다는 생각이 들었다. 잠은 이전보다 더 자지 못했다. 걱정과 반대로 흘러가고 있는 삶을 마음껏 기뻐하지 못했다. 진짜 나와는 다른 사람을 연기하고 있다는 생각을 하며 살을 붙여가는 자기혐오. 점점 덩치가 커지는 그것을 버티기에 중학생의 정신은 미성숙하고 약했다. 나중이 되어서는 내게 사람이 모여드는 것 자체에 불안을 느꼈다. 여전히 내가 사랑받기에 모자란 인간이라고 생각했기 때문이다.

어느 순간부터 말 한마디를 뱉기 위해 열 번을 생각했다. 아무리 재미있는 말이라도 타이밍이 늦으면 엉뚱한 말이 될 뿐이었다. 그걸 누구보다 잘 알고 있던 나인데, 어쩐지 전처럼 잘할 수가 없었다. 거듭되는 타이밍 실수는 농담에 대한 자신감마저 앗아갔다. 내가 특히 잘하던 농담은 말장난과 말꼬리 잡기였다. 그 두 가지의 중심은 기세다. 기세 없이는 사람들을 웃길 수 없다. 힘을 잃은 나는 그저 이상한 말을 던지는 사람이 될 뿐이었다. 나의 유일한 장점으로 꼽았던 것이 순식간에 증발해 버린 시기였다.

재미를 찾아왔으니, 재미가 없으면 떠난다. 당연한 말이지만, 그 대상이 나라면 야속할 뿐이다. 항상 재밌던 사람이 한 번 재미가 없으면 그것대로 재밌는 일이지만, 두 번이 되고 세 번이 되면 결국은 재미없는 사람으로 전락해 버리고 만다. 그리고 그건 내 이야기였다. 불행 중 다행으로 학교 안에서의 사회적 위치가 바닥을 치지는 않았다. 그러나 학교 밖에서까지 나를 찾는 사람은 없었다. 월요일이 되면 주말에 함께 놀았던 이야기를 하는 사람들. 연락

한 통 받지 못했던 나는 그들 사이에 낄 수가 없었다. 내 기분은 이미 상했는데, 그들의 기분이 상할까 싶어 어떤 말도 하지 못했다. 남을 먼저 생각하는 대화법은 독한 항생제처럼 작용했다. 분명 단점을 죽이기는 했는데, 장점까지도 죄다 죽여버렸다.

죽어버린 나의 말하기에 다시 생기를 불어넣는 데는 꽤 오랜 시간이 걸렸다. 처음엔 분명 절망했는데, 시간을 가지고 천천히 생각해 보니 그렇게 나쁜 것은 없었다. 친구를 좀 잃기는 했지만 '이제 그냥 좀 재미없을 뿐인 성격 괜찮은 사람이지 않나?' 하는 생각이 들었기 때문이다. 이왕 무너져 버린 것 주춧돌부터 다시 쌓는다는 마음을 가지기로 했다. 방에서는 혼자 대화 연습을 했다. 이동을 하면서는 주로 적당한 싸가지와 농담의 선에 대한 고민을 했다. 아주 가끔 생기는 모임 자리에서는 누구의 기분도 상하게 하지 않고 사람들을 즐겁게 하는 실전을 치렀다. 그런 자리를 몇 번인가 가진 뒤에는 남을 깎아내리는 것보다 나를 우습게 만드는 편이 쉽고 재밌다는 사실을 깨달았다. 게다가, 상대를 어느 정도 파악하고 난 뒤에는 어떤 수준의 농담까지 즐겁게 받아들일 수 있는지 느낄 수 있는 경지에 이르렀다. 일련의 수련을 통해 얻은 것들이 아주 많았지만, 그중에서 가장 큰 수확은 즐거운 대화만이 중요한 게 아님에 대한 깨달음이었다. 여러 분위기의 대화를 잘할 수 있도록 노력했다. 먼저 말하기보다는 경청하고 대답하는 것에 힘을 실었다. 그러니까, 지금의 내 성격과 화술은 단순히 노력으로 만들어진 것이다. 가장 잘못 타고난 것을 무너트리고 처음부터 다시 쌓은 결과물인 것이다.

그 뒤로 나는 친구들을 적당히 사귀었다. 사실

대화보다는 힙합 덕이 컸지만, 그들 사이에서 위트로 눌리는 일이나 대화 태도를 지적받는 일 따위는 없었다. 그렇다고 해서 지금의 내가 좋은 사람으로 성장했다는 말은 아니다. 다만, 잘못된 말들로 인한 절망을 그때 겪어보지 못했다면 나는 아마 대부분의 사람에게 버림받는 외로운 삶을 살고 있었을 것이다.

그때의 상황들은 운명이 끌어낸 것이 아닐까 하는 생각을 한다. 그 시기에 엄마에게 성격이 이상하다는 말을 듣지 않았다면, 그것을 사실인지 홍에게 묻지 않았다면 나는 어떻게 됐을까? 그 뒤에 이어진 무채색의 대화법을 극복하지 못했다면 과연 지금처럼 살 수 있었을까? 당시 고민했던 것 중 무엇 하나라도 포기했다면 내 주변도 나도 지금과는 완전히 달랐을 것이다. 어쩌면 나는 불안하고 힘겨웠던 그 시기에 감사를 표해야 하는지도 모르겠다.

나는 아직도 대화하는 방법에 대해 고민한다. 어떤 때는 너무 강하게 말하나 싶고, 어떤 때는 유약하게 구는 건 아닌가 싶다. 그 시기와 다른 점이라면, 문제에 실행해 볼 다양한 해결 방법들이 있다는 것이다. 여태 겪은 상황들을 기록한 오답 노트. 틀린 답을 하나씩 지워 나가다 보면 언젠가는 정답에 닿지 않을까? 욕심이라고 말할 수도 있겠지만, 나는 여전히 대화를 더 잘하고 싶을 뿐이다. 아직도 많이 모자란 내 곁에 있어 주는 내 사람들에게 오래도록 사랑받고 싶을 뿐이다.

닿지 않아도

아무것도 생각나지 않을 때가 있다. 가령, "가장 행복했던 때가 언제예요?" 하는 질문을 듣는다거나, 친구의 죽음 소식을 듣는다거나, 커다란 자연재해가 모든 것을 앗아가고 있을 때가 그렇다. 끊임없이 일하던 대뇌가 몇 초간 멎는다. 곧 평소보다 훨씬 더 많은 생각을 해야 하는 것을 알고 있는 것처럼 잠시의 휴식을 갖는다. 그 시간은 동안에는 보이거나, 들리거나, 느껴지는 것들이 없다. 사실 무언가 있다고 해도 기억나지 않으니 없다고 하는 수밖에는 없다.

느릿한 음악이 흐르는 서점에서 뉴스를 봤다. 노트북 화면 속에 비치는 태풍에 침수된 지하 주차장. 정제된 앵커의 목소리가 충격에 묻힌다. 몇 초간 정지한 사고는 모카포트의 증기 뱉는 소리에 다시 회전을 시작한다. 사라졌던 음악이 느릿느릿 다시 귀에 닿는다. 이유는 알 수 없지만, 나는 그 어떤 죽음보다 자연재해에 삼켜진 삶을 안타까워한다. 흠. 하고 한숨을 코로 뱉는다. 콧바람이 얇은 티셔츠를 뚫고 가슴팍에 닿는다. 가슴의 무게를 덜기 위해 뱉은 한숨이 도로 가슴에 스민다.

그 순간을 상상한다. 그들은 쏟아지는 죽음에 저항하며 어떤 생각을 했을까? 목까지 차오르는 물이 낫처럼 느껴지고, 삶을 그토록 쉽게 비트는 신을 원망하고, 사랑하는 사람을 떠올리고… 흐르는 기억들 사이 가장 선명하게 남아있는 것을 품에 안고 한참을 울부짖었을 것이다.

그런 것들을 생각하다 보면 사고가 마음을 찢는다. 죽음은 이별, 이별은 끝. 쩍하고 입을 벌린 재해에 삼켜진 그들의 삶이 어땠는지는 알 수 없지만, 그들에게만이라도 사후세계가 있기를 기도한다. 그곳이 평안하기를 기도한다. 부디 절망적인 죽음의 순간이 기억의 끝이 아니기를, 끝은 시작이라고 말할 수 있기를 기도한다.

감히 헤아릴 수 없는 남은 이들의 마음을 마음으로나마 위로한다. 무엇이라 위로해야 할지 몰라서 그저 위로하는 마음을 가진다. 어떤 말도 떠오르지 않을 때는 그저 등을 토닥인다, 그저 같이 아파한다. 내 손이 그들에게 닿지 않지만, 마음이 닿지 않지만.

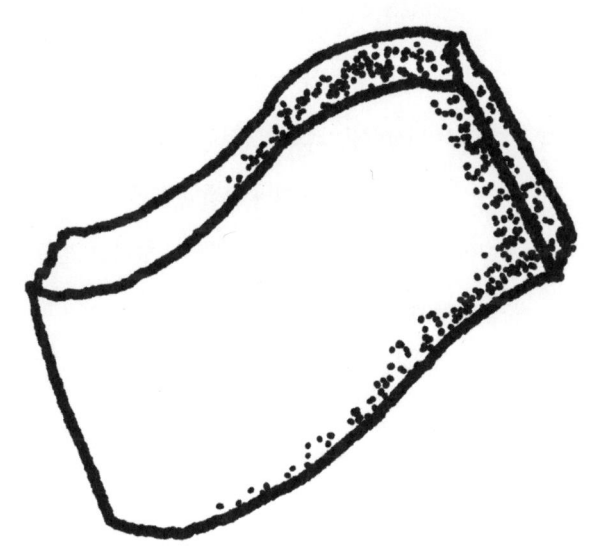

절망 덕에 살아남은

스물일곱의 12월. 2년을 넘게 근무한 카페에서 퇴사했다. 코로나바이러스로 인해 줄어드는 영업시간, 그와 동시에 줄어들었던 급여로 인한 선택이었다. 굉장히 급하게 결정하긴 했지만, 믿는 구석이 전혀 없었던 것은 아니었다. 적은 돈이긴 했지만 투자해 둔 주식의 수익률이 100%를 약간 상회하고 있었고(당시에는 누구나 그랬지만) 퇴직금 또한 받게 될 테니, 다음 직장을 구할 때까지는 충분히 버틸 수 있겠다는 생각으로 저지른 일이었다.

그 밑을 구석이 나를 구석에다 처박을 줄은 정말 몰랐지만.

퇴사를 하고 2주 정도의 시간을 침대에서 허비했다. 그렇게 푹 쉬고 나니 어쩐지 더 열렬히 쉬고 싶은 마음이 들었다. 음식과 담배와 술. 고정된 지출 외에는 살아가는 데 꼭 필요한 곳에 돈을 썼다고 생각했는데, 생활비로 분류해 둔 돈은 더 이상 버티기에 위태로운 수준이 되었다. 신용카드의 리볼빙 서비스를 이용하면서도 그 대금을 찬찬히 지불하다 보면 금세 바닥을 보일 정도가 된 것이다. 돈이 도대체 뭔데 나를 쉬지 못하게 하는가! 사회주의 혁명! 마르크스! 레닌! 스탈린! 이게 다 자본가들의 농락이다!

물론, 자본주의의 달콤함과 사회주의의 실패를 알고 있는 내가 진심으로 그런 생각을 했겠냐 만은, 당시의 내가 겪고 있던 고충은 비단 나만의 일이 아니었다. 전염병으로 인한 서비스 노동자들의 실직과 그로 인한 생활고는 뉴스에도 보도될 정도였다. 얼마나 많은 사람이 그 고통을 견디고 있었을까? 특히, 지방에서 상경해 온 서울 서바이벌의 생존자들은 그 정도가 서울 태생들과는 차원이 달랐을 것이다. 아니, 확실히 달랐다. 그건 내 이야기니까. 다만, 내가 그들과 또 달랐던 점은 위로받을 곳이 있었다는 거겠지.

팬데믹 선포 후 대폭락을 겪은 주식 시장. 위기는 기회라는 격언을 가슴에 새기며 얼마 되지도 않는 저축 계좌를 털어 우량주들을 매수했었다. 비상금 대출과 신용카드 돌려막기 신공으로 서울 생활을 버텨가며 경기 회복을 기다렸다. 그리고 퇴사 후 한 달이 지났을 때쯤에 폭등한 주식시장! 오랜만에 다시 열어본 주식 계좌의 수익률은 200%에 육박했다. 대출과 카드 빚을 모두 갚고도 석 달은 여유롭게 먹고 살 수 있는 큰돈이었다. 그러나, 희망은 절망의 시작점이 되기도 한다. 당시의 나는 모두에게 주어진 시장의 호재를 자신의 실력이라고 착각했다. 시장에 뛰어든 모두가 돈을 벌고 있던 그 시기에, 내가 투자를 잘한 거라는 하등 쓸모없는 자신감을 느끼게 된 것이다.

착각의 늪에 빠진 나는 당시 유행하던 '경제적 자유'라는 단어를 직접 누려보기로 했다. 단기 투자 서적 몇 개를 사고, 밤새 읽었다. 계획과 준비, 실행까지 걸린 시간은 3일에 불과했다. 불같이 치솟는 코스피 차트에 올라타 매일 적지 않은 수익을 냈다. 정해진 금액을 받는 노동 소득과는 비교 자체가 불가능했다. 하루하루 복리가 붙어 눈덩이처럼 불어나는 돈. 밤늦게까지 공부하며 열심히 매매한 결과로 앞자리가 몇 번이나 바뀌었고, 나는 생애 처음으로 부자가 된 기분을 느꼈다.

그때의 나는 갈림길에 섰다. 다음 직장을 구할 때까지 쓸 돈은 충분하니 모두 정리하고 천천히 취업을 준비할 것인가, 그게 아니라면 더 공격적인 투자로 큰돈을 벌 것인가. 돈을 잃는다는 선택지는 상상도 하지 않았다. 그때의 주식 시장은 마치 마약과 같았다. 투자자의 판단력을 앗아가고 순식간에 돈을 버는 쾌감을 안겨주었다. 모든 전문가들이 지금의 시장은 이상하다고 했다. 지금 상황에 취해서 생각 없이 투자하게 된다면 번 돈을 모두 잃을 거라고 말했다. 그 경고를 들으면서 나는 '자기 조절 못 하는 애들이나 그렇지.'라고 생각했다. 큰돈을 벌기 전까지 한 번이라도 넘어졌다면, 한 번이라도 큰 손실을 겪었다면 나는 거기서 손을 뗄 수 있었을까? 결국 나는 급등주에까지 손을 대기 시작했다.

딱 2주. 풍족했던 내 계좌가 마르는 데 걸린 시

간. 국내의 급등주를 넘어 미국 주식까지 손을 댔던 나는 절망을 맛봤다. 그것도 디진다 매운맛으로. 등락에 제한이 없는 미국 시장에서 하루 밤낮에 수천만 원이 증발했다. 열 받게 자꾸만 벌고 잃고 하기를 반복했다. 오백만 원을 번 다음 날 천 오백만 원을 잃는 식이었다. 아예 잃기만 했으면 금방 포기했을 텐데, 조금이라도 버는 날들이 나를 붙잡았다. '내 감이 잘못되지는 않았어.' 하는 생각들이 나를 시장에 묶어 두었다. 그 짓을 반복하다 보니 어느새 계좌에는 원금의 두 배 정도만이 남았다. 단기 투자를 처음 시작할 때 들고 있었던 돈보다 약간 적은 정도였다.

그리고 나는 깨달았다. 이 이상 일을 벌이면 정말 망하겠구나. 한 번 더 수익을 낸다고 인생이 바뀌는 것도 아니고. 이제 그만하자. 하는 생각이 들었다. 몇 주 만에 처음으로 차린 정신이었다. 주식을 모두 정리하고 3일을 기다려 돈을 일반 계좌로 인출했다. 카드 빚을 갚고 밀린 공과금을 냈다. 시시때때로 아프던 머리가 맑아지는 기분이 들었다.

남은 돈으로 중고 전기자전거를 구매했다. 애플리케이션을 통한 배달로 생활비를 벌었다. 직업을 가지고 있는 상태로 밤과 주말에 했던 부업용 배달과는 질적으로 다른, 생존을 위한 페달링이었다. 무지막지하게 춥기는 했는데, 투자로 돈을 잃은 무직자에게 겨울바람은 시리기보다는 뺨을 때려주는 느낌이었다. 벌겋게 튼 양 볼에서 느껴지는 따가움이 정신을 차리는 데 도움을 주었다.

열심히 서류를 준비하고, 면접도 보았지만, 희망했던 근무지에는 합격하지 못했다. 그러나 나는 전에 없던 안정감을 느끼고 있었다. 하루하루 불안에 떨었던 날들을 떠올리면 그 어떤 순간에도 편한 마음을 느낄 수 있었다. 그렇게 시간을 보내다 나는 결국 건설 현장에 출근하기 시작했다. 벌이는 조금 더 나아지고, 마음도 조금은 더 편해졌다. 덕분에 글을 쓸 시간도 생겼다.

 나는 여전히 건설 현장에서 일하고, 여전히 글을 쓴다. 훨씬 더 많은 돈이 있던 그때보다 마음이 편하다. 온탕과 냉탕을 왔다 갔다 하는 것처럼 찌릿찌릿한 단타 거래의 느낌이 가끔은 그립지만, 이제는 하지 않는다. 그때보다 모든 것이 좋은데, 왜 굳이 다시 그때로 돌아가겠는가. 강추위 속에서 밟았던 페달도, 처음 현장에 출근해 옮겼던 거푸집도 그 시기의 마음만큼 무겁지 않았다. 나는 평화의 소중함을 깨달았다. 멈춤으로 다시 삶을 흘릴 수 있었다. 가끔이지만, 힘든 날을 감사함으로 마무리할 수 있는 지금의 평화로운 마음은 그 시기에 잃은 돈으로

산 것이 아닌가 하는 생각을 한다. 조금 과장해서, 그때 돈을 잃은 것이 다행이라고 생각한다.

  물론, 관심 종목에 딱 하나 담겨있는 종목. 에코프로(08652)*를 볼 때마다 짜증이 솟구치긴 하지만.

*이 종목은 21년 초 대비 1,000% 이상 상승했다. (2023년 4월 기준)

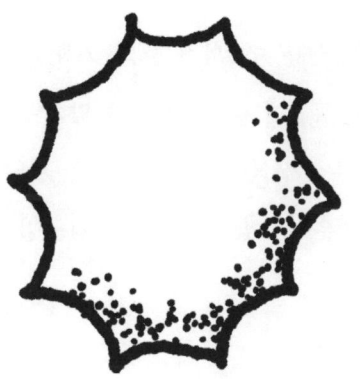

다정이 부서질 때면

　　길을 잃은 아이와 함께 있었던 적이 있다. 대림역에서 구로역 인근까지 조성 되어 있는 '구로 거리 공원'이라는 곳이었는데, 양쪽으로 도로를 끼고 있는 기다란 형태여서 어른들이 산책하기에는 딱 좋은 곳이었으나, 아이들이 길을 잃기에는 더 좋은 곳이었다.

　　녀석과는 딱 공원의 중간 지점에서 만났다. 초여름 밤, 배드민턴을 치는 이들의 근처에서 보란 듯이 엉엉 울고 있었는데, 아무도 녀석을 신경 쓰고 있지 않았다. 어쩌면, 이미 말을 걸어 보았으나 도와줄 것이 없었는지도 모른다. 막상 말을 걸었던 나도 딱히 도와줄 수 있는 게 없었으니까.

"엄마 잃어버렸어?"

녀석은 내 질문에 대답할 생각이 없는 듯 보였다. 앞에 쭈그려 앉은 나를 안중에 두지 않고 소리를 지르듯이 울기만 했다. 어찌나 서러워 보이던지 내 가슴이 울컥거릴 정도였다. 아이는 저렇게 우는구나. 세상이 떠나가라 울 수 있구나. 하고 생각했다.

별말 하지 않고 옆에 쭈그려 앉은 채 등을 토닥여 주고 있었는데, 녀석이 나를 향해 양팔을 크게 펼쳤다. 누가 봐도 안아 달라는 제스쳐여서 녀석의 엉덩이를 들어 안아 어깨에 턱을 괴게 했다. 6

살 정도 되어 보였는데 생각보다 무거워서 엄마 생각이 났다. 나도 이 나이쯤까진 자주 이렇게 안겼던 것 같아서.

녀석을 위아래로 흔들며 둥가둥가 달랬다. 울음을 그친 지는 꽤 됐는데, 여전히 내 물음에 대답할 생각은 없어 보였다. 몇 번이나 "엄마 어디서 잃어버렸어?" 하고 물었지만, 결국 돌아오는 것은 "훌쩍훌쩍" 뿐이어서 답답한 마음에 녀석을 놓고 훌쩍 떠나버리고 싶은 생각이 들기도 했다.

나의 다정은 꽤 자주 부서진다. 상대가 감사하거나, 부담스러워하거나. 긍정이든 부정이든. 어떤 반응이라도 있을 땐 잘 부서지지 않는데, 무반응에는 무척 취약하다. 아이를 상대로 나의 다정이 부서지는 건 처음 겪는 일이어서 그런지 묘한 기분이 들었다.

몇 번이나 내가 건넨 다정이 부서지고 난 뒤에는 녀석을 벤치에 내려 앉혀 놓고 옆에 서 있었다. 나는 속이 꽤 좁아서, 기분이 상한 상태로 녀석을 안고 있기 싫은 마음이 드는 탓이었다. 완전히 울음을 그친 녀석이 나를 한번, 바닥을 한번. 번갈아 가며 쳐다보다가 이내 다리를 까딱까딱 흔들기 시작했다. 방금까지 그렇게 서럽게 울던 녀석이 지루하다고 시위를 하다니. 애들은 귀엽긴 한데 도저히 속을 알 수가 없다.

10분 정도만 더 기다려 보고 경찰서에 데려갈 셈이었는데. 산책로의 맞은편에서 아이의 엄마가 보였다. 소리 높여 누군가를 부르며 좌우를 바삐 살피는 모습, 분명 뛰는 자세지만 다리에 힘이 풀려 좁은 보폭, 불안에 흠뻑 젖어 사색이 된 얼굴, 그 위로 늘어선 헝클어진 머리. 당첨된 복권을 바람에 날려

보낸 게 아니라면 자식을 잃어버린 것 말고는 설명이 되지 않는 모습이었다.

"저기 엄마 오네."

아이를 발견하고 몸을 던지듯 달려오는 여성을 향해 손가락을 폈다. 아무 말도 하지 않고 다리만 까딱이던 녀석이 내 손가락 끝을 따라 시선을 옮기더니, 이내 벤치에서 뛰어내리듯 일어나 엄마를 향해 뒤뚱뒤뚱 뛰었다. 나는 아이에게 별일 없었다는 말을 전하려고 모자 상봉의 장소까지 녀석을 뒤따랐는데, 녀석의 엄마는 그런 나를 아랑곳하지 않고 아들을 끌어안았다. 머쓱한 건 아니었는데, 내가 거기에 있으면 안 될 것 같았다. 둘만 잡혀야 하는 앵글에 난입한 엑스트라가 된 기분이었다.

꿇어앉아 녀석을 껴안은 여성이 나를 올려다보며 뭐라고 말을 했는데, 울컥울컥하는 목소리라 잘 알아듣지를 못해서 몇 번이나 "네?" 하고 되물었다. 그게 비단 감정 섞인 목소리 때문만이 아니었다는 걸 알게 된 건 그녀가 몸을 일으켜 내게 말을 건넬 때가 되어서였다.

"몽골 사람. 한국말. 잘 몰라요. 미안합니다."

그녀는 감사함과 안도감이 뒤섞여 어쩔 줄 모르는 표정을 지었다. 이야기를 많이 나눠보지는 않아서 남편까지 몽골인인지는 잘 모르겠지만, 녀석의 이름이 '자르갈'이라고 했고 모자가 서로 몽골어로 대화했으니 아마 그럴 것이다. 내게 하고 싶은 말이 있는지 잠시간을 골똘히 생각하던 자르갈의 엄마는 짧은 한국어로 "자르갈. 같이. 고마워요." 하고 말하며 손짓과 발짓을 모두 동원해 내게 감사를 표했다. 자르갈의 고개를 억지로 누르는 그 손은 그때까지도 벌벌 떨리고 있었다. 그녀의 인사는 내가 살면서 받은 것 중에 가장 진한 농도의 감사였다.

당시에는 그게 조금 부담스러워 양손을 내저었던 것 같은데, 생각해 보면 그들은 한낱 공원에서 서로를 잃어버린 게 아니라 머나먼 타국에서 그런 일을 겪었다. 자르갈도 자르갈이지만, 그 엄마의 마음이 어땠을지를 짐작해 보면 가슴이 덜컥 바닥으로 내쳐지는 듯하다.

엄마의 손을 꼭 잡고 멀어지는 자르갈에게 빠이빠이- 손을 흔들어 주었는데, 녀석은 나를 본 체도 하지 않고 제 엄마만 바라봤다. 엄마가 몸을 돌려 나에게 손을 흔들어 주고 나서야 녀석은 나를 쳐다보더니 팔랑팔랑 손을 흔들어 보였다. 부서졌던 다정이 다시 붙는 기분이 들었다.

글을 쓰다 보니 자르갈의 이름 뜻이 궁금해서 찾아보았는데, 다름 아닌 '행복'이다. 나는 행복을 그녀에게 되찾아 준 것이나 다름없다.

종종 내가 건넨 다정이 부서질 때면 자르갈을 떠올리곤 한다. 계획된 무반응이 아니라 내 다정을 정말 못 알아볼 수도 있겠다고 생각한다. 그리 다정하지도 않은 사람이 다정에 대해서 한 번 더 생각하게 한다. 내가 그날 자르갈을 잠깐 보호했던 건, 내 행복을 지키는 방법을 배우는 과정이었을 지도 모르겠다. 단어답지 않은 나의 그것이 조금 더 단어와 가까워지게끔 해준 담금질. 더 단단해진 나의 다정.

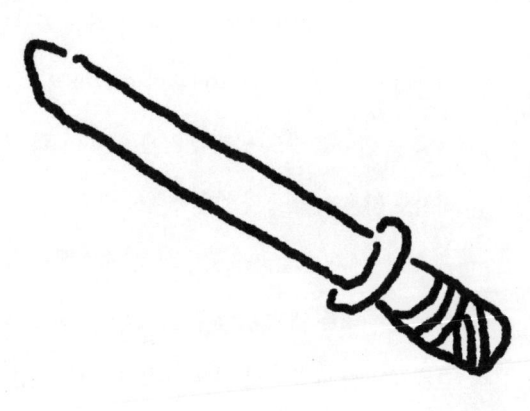

검도처럼

 허리춤에 찬 검에 손을 올리고 마음을 가다듬는다. 심기일전. 등을 굽히고 검을 쥔 손을 어깨높이로 내뻗는다. 애니메이션이나 드라마에서 표현하는 것처럼 쇠가 마찰하는 소리가 나지는 않는다. 촤륵. 검날이 검집을 타고 미끄러진다. 칼을 뽑았으면 무라도 썰어야 할 텐데, 검은 붕붕 바람 소리를 내며 허공을 가른다. 횡으로 베었다가 종으로 베었다가, 실존치 않은 공격을 막아내고 뒤로 몇 발 밀려난다. 어떤 때는 기합을 내고, 어떤 때는 숨을 꾹 참는다. 연달아 이어지는 초식 사이에는 한 자세를 몇 초간 유지하는 때가 있다. 헐떡이는 숨을 가다듬는 휴식의 시간으로 보일지도 모르겠지만, 그 행위는 휴식보다는 고난에 가깝다. 금방이라도 튕겨 나갈 수 있게끔 근육의 시위를 당기는 자세를 유지하는 것. 곧 이어질 베기, 혹은 찌르기가 더욱 강렬할 것임을 상대에게 인지시키는 부동자세. 긴장을 고조시키는 검의 침묵. 휴식을 위한 것이 아닌 기를 응축시키는 것. 검도 초식 사이에 담겨있는 정적은 조용하게 고함치는 기세다. 물론, 나의 검은 이렇지 않지만.

초등학교 2학년 여름, 한 골목에 살던 친구를 따라 검도장에 갔다. 땀이 밴 고무바닥 냄새. 짙은 먹색 도복을 입고 목검을 휘두르는 사람들. 그 사이 몇 되지 않는 빛나는 은색 검날. 빛을 뿌리는 사람들의 허리에는 검은색 띠가 둘려 있다. 힘을 주어 검을 내리칠 때 내딛는 엄지발가락과 바닥이 마찰하는 소리, 머리 위에서 아래로 한 번에 내리꽂히는 검에서 나는 바람 소리. 어렸던 나는 그 생소하고도 멋진 소리와 형광등에 반사되어 꼭 빛을 뿌리는 것처럼 보이는 검술에 반해 검도장에 등록하기로 마음먹었다. 물론, 나 혼자서는 할 수 없는 일이었다.

 엄마는 내가 피아노 학원이나 태권도장에 가기를 바랐다. 소심하고 산만한 내게는 그편이 좋을 거라고 설득했다. 사실, 엄마에게는 하등 쓸모없는 목검을 사는 비용을 지출할 바에는 당장 저녁상에 올릴 순두부 하나를 사는 게 중요한 시기였다. 주방과 화장실이 붙어있는 집에 살면서 막내아들의 목검을 사는 일만큼 아까운 일도 없었을 것이다. 그럼에도, 결국 자식을 이기지 못한 엄마는 나를 검도에 등록시켰다. 하얀색 띠와 검은 도복, 내 이름이 새겨진 연습용 목검을 받았을 때는 하늘을 날 수 있을 것만 같았다. 평일 중에는 하루도 빠지지 않고 도장에 나가 검을 휘둘렀다. 꼭 만화에서 보던 무인이 된 기분이 들었다.

그렇게 몇 년이나 검도를 배웠다. 하얀색이었던 허리띠는 몇몇 색을 거쳐 금사로 이름이 수 놓여있는 검은띠가 되었다. 허리에는 진검보다 무거운 가검을 찼고, 도복은 가볍고 저렴한 재질에서 꼬임이 있는 두꺼운 재질이 되었다. 도장에 두고 다니던 목검과는 달리 가검은 전용 가방에 넣어 등에 패검하고 다녀야 했다. 검은 허리띠와 가검을 차던 때의 나는 검도에 완전히 흥미를 잃어서 그 일을 무척이나 귀찮아했다. 그래서 탈의실의 성인 도복 뒤에 가검을 숨겨두었다가 들켜 크게 혼난 적도 있었다. 무인은 검을 목숨처럼 여겨야 한다는 이유였다. 죽도로 허벅지를 죽도록 맞았다. 가짜 목숨을 방치

했다는 이유로 진짜 목숨을 잃을 뻔했다. 좋아하지도 않는 운동을 하면서 돈까지 내는데 이렇게 맞아야 한다니. 서러운 마음이 들어 눈물이 흘렀다. 가족을 지켜야 할 사내가 눈물을 보였다는 이유로 그날은 수련 시간 내내 주먹을 쥔 채로 엎드려뻗쳐 있어야만 했다.

 나는 어떤 운동이든 잘하지 못했다. 그것을 깨닫기까지는 꽤 오랜 시간이 걸렸다. 잘하는 일을 즐거워했지만, 좋아하는 일을 잘하지는 못했다. 잘하는 줄로 알았던 일들이 사실은 그렇지 않다는 걸 알게 되는 순간은 언제라도 절망스러웠다.

 자전거를 탈 줄 모르는 엄마에게 자전거를 배웠지만 또래의 누구보다 빠르고 강하게 페달을 밟을 줄 알았다. 친구들과 모여 아파트 주차장 사이사이를 누비고, 양손을 떼고서 뒷동산의 비탈을 내려갔다. 그러던 어느 날에, 비탈길에서 넘어져 팔꿈치를 크게 다쳤다. 그 이후로는 자전거를 잘 타지 않았다. 페달 밟기를 잘하는 것이 자전거를 잘 타는 것과는 아예 다른 일이라는 사실을 깨달은 것이다. 내가 좋아했던 것은 페달을 밟는 일이 아니라 자전거를 타고 친구들 사이 가장 앞에서 나아가는 일이었다.

나는 검을 휘두르는 일을 좋아했다. 흰띠의 종베기부터 검은띠의 심상 검법까지. 타인이 검을 휘두를 때 나는 바람 소리도 좋았지만, 직접 내는 바람 소리는 남의 것보다 훨씬 크고 원하는 때에 원하는 만큼 낼 수 있었기 때문에 나를 무척이나 평화롭게 했다. 그리고 내가 특히 좋아했던 것은, 초식을 선보이는 제 모습을 상상했을 때 무척 멋있다는 점이었다. 검날을 이마 가까이 오도록 팔을 당기고 한쪽 무릎을 굽혀 자세를 낮추는 범세에서 몸이 쏘아져 나가듯 휘둘러지는 사선 베기는 내가 가장 좋아하는 초식이었다. 그 검로를 따라 몸을 움직일 때면 꼭 악당을 베어 넘기는 주인공이 된 기분이 들었다.

내가 검법을 수행하는 모습이 그리 멋있지 않다는 것을 알게 된 것은 검은띠가 되고 난 뒤였다. 도복도 두껍게 바뀌고, 검도 나무 재질에서 알루미늄 재질로 바뀌었던 꿈에 그리던 때였다. 이전에도 종종 "몸에 힘 좀 빼고 고개 좀 까딱이지 마."라는 말이나 "너 자세 이상해." 정도의 이야기는 들어 보았지만, 나는 그 말들을 별 대수롭지 않게 여기고 자기 수련에 집중하고는 했다. 왜냐하면 당시의 나는 대부분의 또래들에게 미움을 받고 있었고, 그 이유로 내게 싫은 소리를 하는 것으로 생각했기 때문이다.

사건은 유단자들이 모두 참석해야 했던 대회장에서 일어났다. 6명인지 8명인지 정확하게 기억나지는 않지만, 많은 인원이 한 조가 되어 같은 종류의 검법을 선보이는 일종의 경연과 같은 자리였다. 초등부의 경기는 아이들의 사기 증진을 위해서인지, 그게 아니라면 참가비로 사는 기념품 같은 것인지 한 조에 한 명을 제외하고는 모두에게 상장과 메달을 주었다. 가장 멋없는 검법을 선보인 한 명은 '보상'은 특별해야 한다는 이유로 아무것도 받아 가지 못하는 처지가 되었는데, 내가 속한 조의 가장 멋없는 사람은 다름 아닌 나였다.

비싼 참가비를 낸 대회이니만큼 엄마도 관객석에 있었다. 다른 누구보다 나를 심도 있게 지켜보았을 것이다. 도저히 결과를 인정할 수 없었던 나는 울먹이며 "엄마. 내가 저 상을 못 받을 정도로 못 했어?" 하고 물었다. 퍽 난감한 웃음을 지은 엄마는 "네가 좀 웃기긴 했다. 고개를 왜 그렇게 끄덕이면서 검을 휘두르노? 좀 웃기기는 하더라." 하고 대답했다. 그 순간 내 검도에 대한 애정은 부서져 가루가 되었다. 가장 믿는 사람에게서 전해 들은 사실은 도저히 부정할 수 없었으니까. 날 미워하는 사람과 날 사랑하는 사람이 동시에 내비친 부정적 의견은 증거가 되어 내 애정을 무참히 밟아 바스러트렸다. 당시의 내가 듣고 싶었던 말은 아마 "종영이도 잘했는데, 다른 사람들이 너무 잘했나 보네." 하는 위로의 말이었을 것이다. 어린 내게는 딱 그 정도의 거짓말이 필요했다.

검을 휘두르는 일에 완전히 흥미를 잃은 다음부터는 하루하루가 고역이었다. 검을 휘두르는 소리, 검을 내리치며 내딛는 발의 마찰 소리, 힘주는 기합 소리. 그 모든 소리가 싫어졌다. 내가 검을 뻗을 때 어디선가 웃음이 들려오면 나를 비웃는 것으로 생각했다. 검을 휘두르는 모습이 이상하다는 것을 깨닫고 난 뒤로는 종종 거울 앞에서 검법 훈련을 했다. 아무리 연습해도 도무지 고개를 가만히 두고 검을 뻗는 법을 알 수 없었다. 어깨 위로 들어 올린 검,

숙여지는 고개. 아래로 내려 벤 검, 치켜드는 고개. 머리를 고정하고서 검을 휘두르는 연습을 며칠이나 했지만 고쳐질 기미가 보이지를 않았다. 어느 순간부터는 몸의 근육을 거의 사용하지 않고 작은 동작만 반복하게 되어서, 오히려 연습하기 전보다 더 이상한 꼴이 되어버렸다.

비웃음이 아닌 것을 비웃음으로 느꼈다. 나를 향하는 시선이 모두 내 자세를 살피는 것이라는 생각에 몸이 굳었다. 붕붕 바람 소리를 내던 검은 힘없이 움직였고, 멀찍이 내디디며 힘을 싣던 발의 보폭은 종종걸음만큼이 되었다. 상상하던 나의 모습과는 확연히 다른 실체를 거울 앞에서 매일 확인했다. 남들은 나를 보고 얼마나 웃었을까. 나는 검법을 행할 때 스스로가 너무 멋지다고 생각해서 종종 멋진 표정을 짓고는 했다. 그 표정을 본 사람들은 내가 얼마나 같잖았을까. 여러 부정적인 감정들이 정신을 휩싸는 탓에 도저히 검을 크게 휘두를 수가 없었다.

그러던 어느 날. 관장실에서 호출이 왔다. 보통 입관 상담과 검도를 그만두게 될 때 이외에는 들어갈 일이 없는 장소였기 때문에 덜컥 겁이 났다. 중학생 형들이 밖에서 사고 치면 저 안에서 엄청나게 맞던데, 나도 그렇게 맞는 걸까? 그게 아니라면 도저히 너 같은 애는 가르칠 수 없다고 그만두라고 말하려는 걸까? 둘 중 하나라면 후자이기를 간절히 바라며 나무로 된 문에 노크했다. 안에서는 "들어와." 하는 호랑이 같은 목소리가 들려왔다.

그래, 말 그대로 호랑이. 내 삶에서 가장 맹수 같았던 인간을 말하라면 두말하지 않고 관장님을 꼽을 것이다. 중학교 때 폭력 선생으로 유명했던 구 씨도, 고등학교 때 내 귀싸대기를 쳐올렸던 195cm짜리 거인 선생도 관장님에 비한다면 갓난아이처럼 느껴진다. 키도 그리 크지 않고, 덩치도 작은 편이었던 그 사내. 마치 자라지 않는 것처럼 유지되었던 짧은 스포츠 헤어 스타일, 겨울의 추위도 아랑곳하지 않고 속옷 없이 입었던 반소매 도복, 전완근 깊숙한 곳으로부터 손등까지 울룩불룩 튀어나온 새파란 핏줄. 그를 구성하는 모든 것이 두려움의 대상이었으나 가장 압도적이었던 것은 검을 쥐고 있을 때 빛나는 그의 눈이었다. 나는 그 눈을 무척이나 무서워해서 그와 마주 앉아 눈싸움을 하는 악몽을 꾼 적도 있었다.

커다란 소파에 기대앉아 진검을 닦고 있던 그는 조심스레 문을 열고 들어가는 나를 발견하고는 자세를 고쳐 앉았다. 그는 별말 없이 소파를 향해 손을 내밀었고, 나는 맞은편의 소파로 걸어가 허리를 꼿꼿이 세운 채로 앉았다. 그는 들고 있던 진검을 벽에 붙어있는 벽에 다시 걸어두고서 오래되어 보이는 찻잔을 내밀었다. 긴장으로 몸이 굳어 있던 나는 잔을 받아 들고 허리를 꼿꼿이 세우고 앉아있었다. 말없이 손바닥을 들어 올리며 차를 권하는 그. 김이 모락모락 피어오르는 차를 입에 한 모금 머금었다. 순식간에 온몸의 긴장이 풀리며 확 하고 인상이 써졌다. 그 차는 초등학생이 즐기기에는 지나치게 쓴맛이 났기 때문이다.

내 표정을 보고 너털웃음을 지은 그는 "어떻노? 긴장이 다 풀릴 만큼 씁제?" 하고 물었다. 그 말이 나를 다시 긴장하게 하는 것을 아는지 모르는지 여전히 웃음기 가득한 얼굴을 하고 있는 그를 향해 나는 "네. 이거 엄청 씁습니다." 하고 대답하며 다시 허리를 곧추세웠다. 그의 얼굴은 이내 말을 꺼내기 힘들다는 듯 곤란한 표정으로 바뀌었는데, 사람의 분위기를 읽는 눈치 하나만은 타고났던 나는 그 표정 보고 완전 긴장 상태에 들어갔다. 어른들이 저런 표정을 지을 때면 보통 심각한 이야기들을 늘어놓고는 했다. 그것들은 대부분 어린아이에게 말하기에는 적합하지 않은 내용들이었다.

굳게 다물어져 있던 입이 천천히 열린다. 그의 근육 움직임이나 숨을 쉬는 속도까지 살피던 나는 곧 들려올 그의 목소리를 놓치지 않기 위해 귀에 모든 신경을 집중했다. 평소의 나는 그가 지르는 고함이나 엄한 말투에 놀라는 일이 잦았기 때문에, 그와 독대하는 상황에서 히끅하며 딸꾹질하지 않기 위함이었다. 입이 벌어지고도 잠시간 유지되는 침묵. 나는 그 몇 초간의 적막이 초식 사이에 있는 근육을 당기는 자세처럼 느껴졌다. 그가 쏟아낼 말이 얼마나 강렬할지 도무지 예상할 수 없었다. 내가 휘두르는 막돼먹은 검과 그의 절도 있는 검이 얼마만큼의 수준 차이를 갖고 있는지 알고 있었기 때문이었는지도 모르겠다.

예상과는 다르게, 그의 입에서 새어 나온 소리는 따뜻하고, 인자했다. 그의 첫마디는 내 이름이었고, 잠깐의 쉼표 뒤에 이은 말은 "요새 와그라노?"였다. 그는 내가 부쩍 수련에 소극적으로 바뀐 것을 알고 있었다. 사실, 누구보다 열심히 수련하던 아이가 갑자기 성실을 잃었으니, 그것을 눈치채지 못했다면 교육자로서 자격이 없는 거나 마찬가지기는 했지만 말이다. 다만, 그는 평소 보여주는 모습과는 반대로 상냥한 말투로 내게 질문을 건넸다. 그가 물음을 던진 뒤 침묵을 지키던 나는 덜컥 눈물을 흘리고 말았는데, 그것이 그를 향한 감사의 눈물이었는지 누군가 내 슬픔을 알아주었다는 기쁨의 눈물이었는지는 잘 기억나지 않는다. 다만, 눈물을 보였다는 이유로 허벅지를 맞는 일이 없어서 안도하고 있었다는 것은 또렷이 기억한다. 어깨를 토닥이던 그의 굳은살 박인 손은 무척이나 특별했으니까.

　나는 굉장히 귀한 위로를 받으며 펑펑 울었다. 코를 너무 풀어서 귀가 맹맹해질 때쯤이 되어서야 눈물을 멈추고, 수련에 소극적으로 변한 이유를 그에게 설명할 수 있었다. 스스로 검도를 잘한다고 생각했는데, 알고 보니 아니었다고. 남들이 말한 것처럼 내 자세는 엉성하고, 검을 휘두를 때는 자꾸 고개가 흔들려서 꼭 등신처럼 보인다고. 나는 검도가 멋있어서 시작한 건데, 내가 하는 검도는 전혀 멋지지 않다고. 그걸 알게 되니 남들 앞에서 검을 뽑는 일이 두렵다고. 휘두르는 것이 꼭 제 발로 가시밭을 걷는 일 같다고. 도대체 왜 못 한다고 말해주지 않았느냐고. 구질구질하게 구구절절. 어느새 다시 터진 눈물과 콧물. 끅끅거리는 울음과 함께 모든 말을 전달했다. 그는 흐음하는 침음을 흘리더니 이내 팔짱을 끼고서 말했다.

"좀 실망인데?"

"예?"

"관장님은 종영이가 사나이인 줄 알고 좋아했는데, 아니네."

"저 사나이 맞는데요."

"사나이는 그런 거 신경 안 쓴다. 잘 봐라."

헐렁한 도복의 소매를 어깨까지 걷어 올린 그는 벌떡 일어나더니 내게 다가와 눈앞에다 어깨를 들이밀었다. 몇 개의 커다란 흉터. 의학 지식이 전무한 초등학생이 보아도 커다란 수술 자국이었다.

"어깨 수술 세 번 했다. 그리고 의사는 세 번 다 검도는 못 할 거라고 했다. 근데 어떻노? 니가 보기에는 내가 검도를 못하는 사람처럼 보이나?"

"아닙니다."

"그래, 내는 우째도 검도를 잘할 인간인기라. 타고나기를 어깨가 약하고, 그래서 몇 번이 고장 나도. 내는 검도를 잘한다. 와 그런 거 같노?"

"사나이라서?"

"으하하! 그것도 맞지. 근데 있다이가? 내는 어깨 수술하기 전보다 하고 나서 더 잘해졌다. 그전에는 관장은 무슨. 사범도 못 했지. 왜냐면 검도를 못 했으니까."

"어떻게 그래요?"

"알고 싶나?"

나는 대답 대신에 고개를 끄덕였고. 그는 자리로 돌아가 앉으며 팔짱을 꼈다. 전완근이 우락부락. 성난 핏줄이 솟았다. 나는 무서운 관장님의 눈 대신에 그 퍼런 핏줄에 눈을 맡기고 이어질 그의 말을 기다렸다. 팔을 뻗어 찻잔을 들어 올린 그는 차를 한 모금 마시고 시원한 한숨을 내뱉었다. 그리고 벌어진 그의 입에서는 "알아도 못해."라는 말이 튀어나왔다.

"검도는 도다. 니 같은 어린애들은 충효예의를 닦고 다 큰 어른은 어지러운 마음을 닦는 거라는 말이다. 그래서 내는 마음을 닦았다. 마음을 닦으니까 안 되는 게 없드라. 근데 니는 우얄래? 검도로 마음을 닦을 수 있겠나? 아니지. 그냥 멋있고 싶겠지. 빠르게 베고 강하게 찌르고 싶겠지. 근데 그 마음이 다 어디서 나왔노? 검도를 좋아하는 마음에서 나온기다. 맞제?"

그는 내 대답도 듣지 않고 소파 옆에 있던 캠코더를 들어 올렸다. 그러고는 전원을 켜 내게 화면을 보여주며 말했다.

"이게 니 노란띠 승급 심사 때다. 어떻노?"
"너무 못해요."
"그럼 이거, 초록 띠 승급 심사는."
"못해요."
"그래. 다른 건 넘어가고. 자 이거 1단 딸 때다. 봐라."

내가 못 한다는 건 알았지만, 영상으로 보는 건 다른 문제였다. 노란띠와 초록 띠를 어떻게 따냈는지 알 수 없을 정도로 엉망인 자세. 과하게 준 힘을 감당하지 못해 흔들리는 머리. 단순히 아래로 내려치는 것뿐인데 사시나무 떨듯 흔들리는 검. 나이가 나이였던 만큼 검도를 잘 아는 건 아니었지만, 단순히 또래 친구들과 비교해 봐도 내 모습은 우스꽝스러웠다. 검은띠를 딸 때의 영상이라고 크게 다를 것 같지 않아서 눈을 떨구고 제대로 보지 않고 있었다.

"방금 봤나?"
"아니요."
"봐라! 니 범세가 얼마나 멋있는지! 사선 베기가 얼마나 날카로운지!"

커다란 목소리로 단숨에 나를 혼낸 그는 내 눈앞에 캠코더의 화면을 들이밀었다. 보고 싶지 않아도 볼 수밖에 없는 상황. 그 안에는 도복을 입고 검을 휘두르는 내가 있었다. 분명 엉망이었다. 그런데 전 영상들과는 달랐다. 검은 곧게 내질러졌고, 어정쩡하게 힘을 주고 있는 자세가 대부분이었지만 종종 똑발랐다. 검을 휘두를 때 머리가 흔들리는 것만은 어쩔 수 없는 모양이었다. 하지만 전에 본 것들에 비한다면 그건 흔들리는 것도 아니었다. 관장님이 언급한 범세에서 이어지는 사선 베기는 거의 완벽에 가까웠다. 머리도 흔들리지 않았고, 초등학생의 몸에서는 느끼기 어려운 폭발력이 느껴졌다. 전신에 소름이 돋았다. 이게 나라고? 믿을 수 없는 장면을 보고 심장이 두근거렸다. 갑작스레 다가온 흥분감이 절정에 달하기도 전에 관장님은 말을 이었다.

"좋아하는 걸 잘 못하는 건 슬프지. 근데 니는 제일 좋아하는 건 잘한다이가. 종영이 니. 범세 제일 좋아하제? 관장님은 보면 안다. 앞에서 보고 있으면 누가 어떤 자세를 좋아하는지, 어떤 베기 할 때 제일 힘이 넘치는지 다 보이거든. 니는 범세 할 때 표정이 다르다. 2단 행님들, 다른 사범님들보다 니가 제일 범 같다. 그렇게 좋아하는데, 그렇게 잘하는데. 우째

못한다고 이야기하노? 내가 니한테 범세만 잘하고 다른 건 못한다고 말했으면, 검도를 그만하거나 범세만 했겠지. 근데 니도 봤다이가. 시간이 지날수록 좋아진다이가? 마음 급하게 묵지 마라. 몸이 어려울 땐 마음을 닦는기고, 마음이 어려울 땐 몸을 닦는기다. 니는 천천히 몸을 닦아라. 그러면 언젠가는 다 된다. 관장님이 마음을 열심히 닦아서 관장님이 된 것처럼. 니도 할 수 있다. 나중에 니가 혹시 검도를 그만둬도, 좋아하는 일은 검도처럼 해라. 처음엔 아무리 못해도 할수록 는다. 특히 더 좋아하는 일은 범세처럼 해라. 누구보다 잘할 수 있다. 알겠제?"

그리고 얼마 지나지 않아 나는 검도를 그만두었다. 다름이 아니라 이사를 가게 된 김해에는 검도 도장이 없었기 때문이다. 관장님은 알까? 나는 그 뒤로도 좋아하는 걸 잘하지 못했다는 걸. 음악을 처음 시작할 때부터 느꼈던 박자 감각의 부재와 글을 쓸 때 마무리 짓는 능력의 모자람. 그것을 인지한 뒤 그만두고 싶을 때마다 엉망이었던 나의 검도를 떠올렸다는 걸. 모든 좋아하는 일을 검도처럼, 특히 좋아하는 일을 범세처럼 하고 있다는걸. 나는 여전히 관장님의 말을 믿는다. 누구보다 잘할 수 있다는 말도, 마음을 닦아서 관장님이 될 수 있었다는 말도, 내가 가장 범 같았다는 말도. 내가 아는 가장 맹수 같은 사람에게서 들은 말이니까.

봄의 요정

아마 4년 전 봄인가? 아무튼, 내가 잠시 김해에서 지내다가 다시 서울로 올라왔을 때. 그때는 정말 다른 할 수 있는 일이 없어서 노가다를 시작했거든. 뭐, 물류센터나 음향 일을 하면서 몸 쓰는 일에는 이골이 났으니까 몸이 막 미칠 듯이 힘들지는 않았는데, 그때의 나는 불면증이 심했어. 겨우 두 시간 정도 눈 붙이고 새벽에 일어나는 게 제일 힘들었지 뭐.

그렇게 며칠인가를 일하다가 어느 날은 잠을 한

숨도 못 자고 출근한 거야. 아마 그때 준비하던 앨범의 수록곡 가사를 쓰다가 그랬던 것 같아. 그런 거 있잖아. '아 이럴 바엔 그냥 밤새고 가자.' 하는 생각 드는 거. 그날이 딱 그런 날이었는데, 막상 밤새고 현장일 하려고 하니까 진짜 힘들더라. 옥상에서 6미터짜리 쇠 파이프를 정리하고 있었는데, 구름에 가려진 새벽 볕을 쬐는데도 휙 넘어갈 것 같더라고. 4월에 일사병의 전조증상을 느끼는 건 또 처음이었지.

그런데, 8시가 조금 넘었을 때쯤 하늘에서 비가 뚝뚝 떨어지더라? 첫 빗방울을 맞고서 5분도 채 되지 않았을 때부터 비가 폭포처럼 쏟아졌어. 난 "에이, 오늘 공쳤네." 하고 말하면서도 속으로는 환호성을 질렀지. 안 그래도 컨디션이 안 좋아서 쉬고 싶었는데, 잘 됐다 싶었던 거야. 천장이 없는 데서 일하는 노가다 쟁이들은 비가 오면 집에 가야 하거든.

혹시 비가 금방 그칠까 싶어서 몇 분인가 기다리다가 결국 옷을 갈아입고 현장을 나왔는데, 쏟아지는 폭우 속을 우산도 없이 걸어서 그런지 괜히 어깨가 무거워지는 기분이 들더라. '오늘 하루만 일해도 분담해야 할 작업실 월세를 절반 가까이 버는 건데!' 하고 말이야. 다달이 이십몇만 원을 냈어야 했는데, 당시 내 일당이 소개비랑 세금을 다 떼고 10만 8천 원이었거든. 뭐, 점점 빗줄기가 두꺼워져서 아쉬움은 금방 사라졌지만 말이야.

정류장에 도착해서 버스를 기다리는 동안 생각해 보니까 그때가 딱 출근 시간이더라. 아니나 다를까, 내가 타야 하는 버스에 사람이 바글바글하게 차 있더라고. 그때 나는 머리부터 발끝까지, 가방부터 팬티까지 흠뻑 젖은 상태였는데 말이야. 근데, 뭐. 나도 집에는 가야 하니까 어쩔 수 없이 올라탔지. 머리에서는 물이 뚝뚝 흐르고, 걸을 때마다 신발에서 찰박찰박 소리가 났어. 안 그래도 비 오는 날 버스 안은 꿉꿉한데, 그 사람들 입장에서 나는 정도가 좀 심한 불청객이었겠지. 어느 누가 자기가 탄 버스에 홀딱 젖은 놈이 타는 걸 반기겠어?

아무튼, 내가 올라타니까 사람들이 전부 뒤쪽 자리로 이동했거든? 이게 웃긴 게, 기사님이 뒤로 가라고 그렇게 소리 지를 때는 아무도 안 움직이다가 다들 나를 발견하고 나서는 허겁지겁 움직였다는 거야. 사람들 사이에 끼어서 숨이 막혀 죽는 한이 있어도 다 젖은 물귀신이랑은 부딪히기 싫다는 거지. 덕분에 나는 꽤 널찍한 개인 공간을 가지게 됐고 말이야.

다른 사람들에게 조금 미안하긴 했지만, 생각 이상으로 쾌적한 환경에서 이동하게 되어서 기분이 좋았어. 피복이 벗겨져서 한쪽이 지직거리는 이어폰을 귀에 꽂고 있었는데도 그랬지. 그때 듣고 있던 음악도 기억이 난다. 맥 밀러에게 한창 빠져 있을 때였는데, 아마 〈Stay〉였을 거야. 여자친구를 욕하면서도 제발 떠나지 말아 달라는 내용의 노래인데, 당시의 내가 그런 사랑을 하고 있었거든. 날 하찮게 대하는 사람을 붙잡고 있는 그런, 뭐 사실 전부 영어니까. 듣기 좋아서 들었을 뿐이지만 말이야.

하여튼, 그렇게 구로역쯤 갔었나? 버스가 급정거를 하더라고. 나는 손잡이를 잘 잡고 있어서 넘어지지는 않았는데, 뒤에 서 있던 여자 하나가 날아와서 내 가슴팍에 퍽 하고 부딪히더라? 놀라기도 했고, 그냥 두면 크게 넘어질 것 같아서 반사적으로 양쪽 팔을 붙잡았는데, 그 여자가 "꺄악!" 소리를 질렀어. 나는 직감했지. 아 망했다. 하고.

성추행으로 고소를 당할 거라는 내 직감은 다행히(?) 틀렸는데, 다른 문제가 생겼지. 그 여자가 입고 있던 코트가 전날에 구입한 100% 캐시미어 제품이라는 거야. 나랑 부딪히고, 내가 붙잡으면서 물이 잔뜩 묻었다는데, '나보고 어쩌라는 거지' 싶더라. 애초에 그 정도 물 묻은 걸로 문제가 생길 거면 비가 오는 날에는 입지 말아야 하지 않았나? 하여튼, 그 여자는 나한테 계속 세탁비를 요구했는데, 반박하는 일 자체에 진력이 나서 그냥 세탁비 영수증 보내 달라고 연락처를 찍어줬어. 그러고 나니까 사과는 왜 안 하냐고 하더라. 그래서 내가 "댁이 나한테 부딪혔는데 내가 사과를 왜 합니까? 사과는 그쪽이 해야 하는 것 아니에요?" 하고 말했더니 얼굴이 울그락불그락해져서 막 뭐라고 날 쏘아붙였는데. 발음이 안 좋아서 도무지 무슨 말인지는 모르겠더라. 내 앞에 앉아 계시던 할머니가 "총각 말이 맞네." 하고 편을 들어주니까 입을 꾹 다물더라고. 근데 사과는 끝까지 못 받아서, 진짜 엄청 엄청 억울했어. 나중에 알아보니까 캐시미어는 뜨거운 것만 아니면 물에 좀 젖어도 된대. 지도 그걸 나중에 알았는지 연락하진 않더라고. 그 미친년.

버스에서 씩씩 대다가 집 근처에 내렸는데, 버스 타기 전보다 비가 훨씬 많이 왔어. 좀 뛸까 생각도 했는데 어차피 다 젖었고, 속도 부글부글 끓는데 시원하게 비나 좀 맞자 싶었지. 신발에 물이 가득 차서 수영장에 있는 느낌도 들더라. 이왕 짜증나 죽겠는 거 미친 척하고 물웅덩이에 앞구르기 한 번 구를까 생각도 했는데, 그러진 않았어. 등이 배겨서 아플 것 같더라고. 아무튼, 그렇게 정신 나간 생각들을 하면서 걷고 있는데 집 가는 길에 있는 사거리 인도에 어떤 할머니가 앉아 계시더라. 그 파라솔이랑 야채들 가지고 나와서 파시는 분들 있잖아. 딱 그런 할머니였는데, 비가 억수같이 쏟아지는데도 좌판을 안 걷으셨더라고. 착한 척이 하고 싶었던 건지, 아니면 서러운 일을 당하고서 비를 맞고 있는 내 꼴이 그 할머니랑 비슷하다고 생각했던 건지는 잘 모르겠는데, 뭐에 홀린 것처럼 헐레벌떡 뛰어가서 그 할머니 좌판 앞에 멈춰 섰어. '혹시 쓰러져서 못 움직이시나?' 하는 생각을 했던 것 같기도 해. 다행히도 멀쩡히 정신을 차리고 계시더라, 파라솔이 아무 역할도 못 해서 온몸이 흠뻑 젖어 있긴 했지만.

살짝 몸을 숙이고 "이 야채 다 팔면 집에 가셔요? 비 오는데 왜 나와계셔?" 하고 물었는데. 다 팔아도 집에 못 간다더라. 자기는 사실 직원 같은 거라고, 도매상들이 파라솔이랑 야채를 준비해 주는데, 그걸 지키고 앉아서 팔면 용돈 정도를 받는 방식이라고 그러더라. 난 좀 놀랐지. 길가에서 야채 파는 분들은 다 직접 재배하거나, 가락시장에서 떼오는 건 줄 알았는데. 사실은 그냥 직원 같은 거라니. 그럼 내가 이걸 다 사도 도매상들 배만 부른 거네? 하고 말이야.

그래도 비가 이렇게 쏟아지는데 왜 안 피하고 여기 있냐고 물어봤더니 뭐라고 하는 줄 알아? 자리 비운 게 들키면 혼난대. 야채 누가 훔쳐 가면 어떻게 할 거냐고 크게 혼난 적이 있대. 그게 무서워서 비가 와도 앉아있는 거라고 하더라. '미친 새끼들, 비 오면 노가다도 집에 가는데 야채 파는 할머니는 근처 건물에서 비도 못 피하게 하네.' 하고 생각했지. 비가 쏟아지기 시작한 지 40분이 지났는데, 그때까지 데리러 오지 않은 거니까 말이야.

할머니는 나보고 얼른 집에 가보라고 했어. 곧 봉고차가 와서 당신을 데려갈 거라고 말이야. 진짜 엄청 답답하더라. 착한 척하는 게 아니라, 차라리 내가 그 야채를 사서 해결될 일이었으면 그냥 사버렸을 텐데 하고 생각했어. 전에도 비슷한 일이 있었는데 그때는 야채를 다 사버렸었거든. 손자 운동회라서 새 운동화를 사줘야 한다나 뭐라나. 뭐, 얼른 팔고서 집에 가고 싶으니 부리는 상술일지도 모른다는 생각은 했지. 전부 다 해서 고작 2만 원이었던 게 조금 가슴이 아프긴 했지만. 아무튼 비 덜 맞고 집에 갔으니까 둘 다 좋은 일이었거든. 근데 이건 그런 문제도 아니니까 더 답답했던 거지.

사실. 비가 조금 사그라지기는 했는데, 여전히 적지는 않은 양이어서 얼른 집에 가고 싶은 마음도 들었어. 4월 날씨에 비가 오면 그렇게 따뜻한 건 아니거든. 슬슬 입술이 떨리고 승모근이 굳는 느낌이 들더라고. 근데 할머니 다리를 보니까 바들바들 떨고 있더라. 내가 해줄 수 있는 건 없지만 뭔가 동지애 비슷한 게 생겨서, 옆에 있어 주기로 마음먹었지. 생각해 보면, 근처 편의점에서 뜨거운 캔 커피라도 사 오면 훨씬 나았을 텐데. 왜 그때는 그냥 같이 있어야 하겠다는 생각밖에 못 했는지 몰라. 거기가 무슨 전쟁터도 아닌데 말이야.

그렇게 한 5분 정도 지났나? 회색 승합차 한 대가 근처에 와서 서더라. 분명 할머니를 데리러 온 거라는 확신이 들었어. 그도 그럴 게, 트렁크 문에 퍼런 이파리가 끼어 있더라고. 할머니도 웅크리고 있던 몸을 일으켰고 말이야. 운전석 문이 열리고는 인상 나쁜 중년 아저씨 하나가 내렸는데, 난 꽤 공격적인 태도로 아저씨를 쳐다봤지. 혹시라도 안 좋은 소리를 하면 쏘아붙일 생각으로 말이야. 그런데 아저씨가 우산이랑 수건을 들고 후다닥 뛰어오더라. 분명 혼낸다고 그랬는데, 그럴 사람의 행동으로 보이지는 않았어. 화난 게 아니라 진심으로 엄청나게 놀란 표정이었거든. 할머니 곁으로 바짝 다가와서 "아따마 미치겠네, 할매는 이 비를 맞고 있나? 감기 걸려 죽을라고? 미친 거 아니가?" 하고 말하는데, 어찌나 다정한지. 물론, 할머니는 겁에 질린 표정이었지만 말이야.

내 추측인데, 그냥 아저씨가 농담 삼아 한 말들을 할머니는 혼내는 거라고 판단했나 봐. 경상도 아저씨들 말투가 아무리 좋은 말을 해도 혼내는 것 같이 들리긴 하거든. 경상도 출신인 나도 서울에 오래 있다 보면 경상도 사투리가 거칠다고 느끼는 때가 있을 정도니까 말이야. 서울이나 경기도 출신 할머니들이 들으면 충분히 착각할 수 있지.

아무튼, 트렁크 칸에 비에 젖은 야채들을 싣고 둘이 차에 타는 것까지 모든 과정을 끝까지 지켜봤어. 아저씨가 내 앞이라 할머니한테 친절하게 대한 건 아닌가 싶었거든. 시동이 걸리고 이제 출발하려나 보다 했는데, 그 아저씨가 조수석 창문을 내리더니 "에이!" 하면서 나를 부르더라. 뭔 일인가 싶어서 찰박찰박 소리를 내면서 다가갔더니 몸을 기울여서 검은 비닐봉지를 척 내밀더라고. "이게 뭔데요?" 했더니, 두릅이래. 가시는 잘라내고 살짝 데쳐서 먹으면 맛있으니까 가져가래. 난 아무것도 못 하고 그냥 옆에 있었을 뿐인데, 같이 젖고 있던 내가 꽤 안쓰러웠나 봐. 그게 아니면 같이 젖어준 게 고마웠던가. 하여튼, 두릅을 두 번인가 사양했더니 창문 밖으로 봉지를 던지고 그냥 출발해 버리더라. 바닥에 떨어진 검은색 비닐봉지를 주우면서 생각해 보니 마구잡이로 할머니를 혼낼 사람은 아니었던 것 같았어.

털레털레 집에 들어가서 뜨거운 물로 샤워하고 나니까 진짜 피로감이 미쳤더라. 한숨도 못 잔 상태로 쏟아지는 비를 한참이나 맞았으니 안 피곤한 게 더 이상하긴 하지. 그때가 아마 아침 열 시가 좀 넘었나? 너무 많이 자면 밤에 또 못 잘 것 같아서 오후 1시쯤에 일어날 생각으로 알람을 맞췄지. 그런데 이 망할 불면증 때문에 한 시간이 넘게 잠에 들지를 못한 거야. 결국 수면제 한 알을 삼키고 누워있는데, 몸이 너무 피곤하니까 별게 다 궁금해지더라. 가령,

피로회복에 좋은 음식 같은 거 말이야.

 지금은 약을 끊긴 했지만, 당시 나는 수면제 먹고 딴짓 안 하는 게 약간 신념 같은 거였거든? 근데, 그날따라 그 궁금증을 도무지 참을 수가 없는 거야. '자고 일어나서 무얼 먹어야 잘 먹었다고 소문이 날까?' '피로회복에 가장 좋은 음식이 대체 무엇일까?' 하는 생각들이 머릿속에 가득 차서 가만히 있지 못하겠는거지. 결국 휴대전화를 집어 들고 '피로 회복에 좋은 음식'을 검색하려는데 자동완성 창에 '피로회복에 좋은 제철 음식'이 있더라? 별생각 없이 '제철이 더 좋지.' 하고 그걸 딱 눌렀는데, 제일 위에 뭐가 있는 줄 알아?

 두릅. 진짜 어이없게 두릅이 제일 위에 뜨더라. 4월의 제철 음식, 피로회복에는 두릅을 드세요! 하고 말이야. 그 순간 무슨 생각을 했냐면, 아. 세상이 나한테 저 두릅을 먹이기 위해 그렇게 비를 내렸구

나. 하고 생각했다니까? 무슨 개소리를 하는 건가 싶겠지만. 그때의 나는 뭔가 홀린 기분이었어. 뭔가 다 나한테 두릅을 먹이기 위해 벌인 판 같았다는 거지. 그 모든 게 우연일 리 없다고 생각했어. 할머니는 분명 두릅의 요정. 뭐, 그런 비슷한 거다. 아저씨는 두릅 신선이다. 하고 말이야. 진짜 이상한 날이었지.

지금 생각해 보면. 그냥 다 벌어질 수 있는 일인 것 같아. 사람이 살다 보면 이런 일, 저런 일 다 있잖아? 그중에서 인상에 남는 일이 많았다 뿐이지, 사건의 개수로 따지면 보통의 날이나 그날이나 다름없이 같은 하루짜리 삶이었던 거지. 아, 우연이나 필연에 관해 이야기하고 싶은 건 아니야. 그냥, 새벽부터 점심이 되기 전까지의 일만 떠올려도 이렇게 인상 깊은 날은 잘 없으니까 기록해 두고 싶었던 거지. 어때? 너한테도 이렇게 이상한 날이 있어? 한

번 떠올려 봐. 그리고 글로 써보는 건 어때? 친구한테 말하는 것처럼. 그것 만으로도 네 날들에 의미를 부여할 수 있거든.

어쩔 수 없는 일도 어떻게든

"환자분. 일어나세요."

아무것도 인지하지 못한 채로 기절한 듯이 잠을 자던 내게는 그 말이 꼭 신의 언어처럼 들렸다. 힘겹게 밀어 올린 눈꺼풀 사이를 비집고 들어온 따가운 햇빛과 다른 색 하나 없이 그저 새하얀 천장은 내가 잠에서 깬 곳이 사후세계라고 믿기에 충분할 정도로 이질적이었고, 내 정신 또한 내세에 있지 않았으니 신을 믿는지 안 믿는지를 떠나 '아 여기가 저승인가.' 하고 생각할 수 있는 조건은 다 갖추어져 있었다.

몸을 잘 가누지 못하는 나의 어깨를 붙잡고 상체를 들어 올리듯 일으켜 세운 간호사는 "새로 처방받은 약이 너무 많았나 봐요." 하고 말하며 침으로 범벅이 된 나의 입가를 닦아주었다. 그제야 정신을 차린 곳이 병실 한가운데의 침상 위라는 것을 깨달은 나는 힘도 잘 들어가지 않는 팔을 들어 올려 손등으로 입을 훔쳤다. "그냥 두시지." 하고 말하는 그녀의 얼굴에는 짙은 안타까움이 묻어났다.

그때의 내가 지낸 곳은 정신건강의학과의 폐쇄병동이었다. 전날 낮에 있던 상담에서 안정제, 전경제, 수면유도제를 모두 받아먹었는데도 쉬이 잠에 들지 못한다고 말했고, 맞은편에 앉아있던 젊은 의사는 잠깐 고민하는가 싶더니 "어쩔 수 없이, 수면제를 쓰죠." 하고 말했다. 취침 전 투약 시간에 받은 약 봉투 안에는 그전까지 먹던 형형색색의 알약들이 사라지고 하얀 것으로만 네 알이 들어 있었다. 새하얀 방 안에서 새하얀 옷을 입고 새하얀 약을 받아먹다니. 문득 '이게 정말 정신건강에 도움이 되는 걸까?' 하는 생각이 들었다.

사람들은 건설 현장 일용직인 내게 "그렇게 힘든 일을 어떻게 해요?" 하고 묻는다. 하지만, 내가 보았을 때 폐쇄병동의 간호사에 비하면 내가 하는 일은 그리 어려운 일도 아니다. 투약 시간이 되면 환자와(그것도 정신이 이상한) 일대일로 마주 본 채로 약을 손에 올려주고, 눈앞에서 약을 삼키는 것을 끝까지 지켜본다. 그러고 나면 입을 벌리게 해서 혀 아래, 잇몸과 볼 사이, 입천장에 약을 숨기지 않았는지 확인한다. 그리고, 단순한 우울증이 아닌 환자들은 대부분 그 행위에 비협조적이다.

망상장애 환자 중 한 명은 투약 시간이 되면 꼭 난동을 피웠다. 본인이 조직폭력배의 간부라는 망상을 철석같이 믿던 그는 "형님이 알면 너희 다 죽어!" 하는 말을 하며 팔을 붕붕 휘두르곤 했다. 다행히 위협적인 몸집이나 싸움 실력을 갖추고 있는 것은 아니었기에, 매번 보호사 선생님에게 양팔이 구속되어 독방에 들어갔다. 그 모습을 지켜보던 내가 했던 망상은 '저 사람, 효과 빠른 주사형 안정제에 중독된 거 아냐?'였는데, 다음날 일반 병실로 돌아온 그가 무척이나 활기차게 행동하는 것을 보며 나도 한 번쯤은 난동을 피워볼까 싶은 생각이 들었다.

나는 그 조용하고 소란스러운 곳의 거실 역할을 하던 공용 공간을 좋아했다. 특히, 기다란 상아색 소파 위에 양반다리를 하고 앉아 햇볕 쬐는 일을 좋아했다. 조금 웃기지만, 그곳은 내가 지내본 어떤 공간보다 볕이 잘 들어서, 가끔은 거기서 살아도 좋겠다는 생각이 들기도 했다. 신발 끈이나 창문 밖만 보아도 항상 '죽을 수 있을까?' 하는 생각을 했던 내게는 굉장히 특별한 일이었다. 물론, 행복을 느낀 건 아니었다. 당시에 내가 먹던 약들은 꼭 모든 감정을 죽이는 것만 같았다. 식사 때에 맞춰 삼키는 그 약이 몸을 내달리듯 혈관을 타고 돌면 무엇도 기쁘지 않고, 무엇도 슬프지 않고, 무엇도 즐겁지 않았다. 그 안에서 내가 가장 많이 했던 생각은 '젠장. 담배 피우고 싶어.'였다.

그 따뜻한 소파에 앉아있으면 온갖 종류의 환자들을 마주한다. 도둑질을 일삼는 충동 조절 장애 여중생, 도박중독 남고생, 자해에 중독된 사업가. 물론 소리를 질러 대거나 환상을 보는 흥미로운 사람들도 있었지만, 나는 앞에서 언급한 셋과 특히 가깝게 지냈다. 그 안에서 정상적인 대화가 가능한 몇 되지 않는 사람이 서로인 것이 이유였다. 그 비정상 속에서 우리는 정상에 가깝기를 희망할 수 있는 인간들이었다. 서로 다른 모자람을 가진 우리는 같은 곳에 모였다. 그리고 각자의 나를 내놓았다. 정상의 범주에서 벗어난 인간들이 모여서 자해 방지용 스펀지가 붙어있는 원형 테이블에 둘러앉아 이야기를 나누었다. 우리는 어느 TV 프로그램보다 먼저 비정상 회담이라는 말을 썼다.

여중생 혜는 내게 "아저씨는 왜 죽고 싶어요?" 하는 질문을 자주 했다. 나는 "가장 살고 싶은 사람이 당장 죽고 싶은 사람이야."라는 말을 몇 번이나 해 주었지만, 그녀는 매번 그 말의 뜻을 잘 이해하지 못했다. 삼촌은 "종영이가 죽고 싶어 하는 건 네가 물건 훔치는 것과 비슷한 거야." 하고 말했는데, 그녀는 "난 내가 그걸 훔치는지도 몰랐어요." 하고 대답했다. 나는 "그래. 이번에는 잘 이해했네." 하있다는 사실에 화가 났다.

 가정폭력의 피해자였던 삼촌은 아들을 체벌한 뒤 심한 죄책감에 시달렸다고 했다. 중학생이었던 아들이 아내에게 욕설을 뱉는 순간에 뺨을 쳐올렸다고, 절대 그래서는 안 됐다고. 본인의 몸에 흐르는 피가 증오스러웠다고, 결국 본인은 아버지의 아들이었다고. 아내에게 욕을 한 아들의 피는 나의 피고, 그것은 곧 제 아버지의 피였다고. 가족에게 손찌검만은 절대 하지 않겠다고 다짐했는데, 피가 거꾸로 솟고 눈앞이 흐려졌다고. 저지른 일은 돌이킬 수 없다고. 방문을 닫고 들어간 아들은 사과를 받아주지 않았다고. 일주일간 말도 섞으려 들지 않았다고. 그건 아이에게 평생의 상처였을 거라고. 본인이 그랬다고. 나는 용서받을 수 없다고. 그런 생각이 드니 스스로를 해치는 것은 합당한 벌을 받는 거라서 가장 훌륭한 사람이었다. 아마 폐쇄 병동이 아니었더라도 그랬을 것이다. 그는 사회적으로 성공했고, 훌륭한 가장이었다. 종종 아내에게 "여기 애들 좀 주게 초코우유 좀 많이 사 와." 하는 말을 했다. 아내는 "당신 건? 먹고 싶은 거 없어?" 하고 묻고 삼촌은 "응, 초코 우유 좀 많이 사 와." 하고 한 번 더 말했다. 아내는 못 말린다는 듯 "아유, 알았어." 하며 팔뚝을 살짝 때렸다.

그의 아들과 딸은 자신들의 아버지가 왜 그런 곳에 있어야 하는지 이해하지 못하는 모양이었다. "아빠가 여기에 있을 정도로 미쳤어? 그냥 집에서 다니면 안 돼?" "나 여기 사람들 무서워. 그냥 퇴원하자. 오기 싫어." 같은 말들을 면회 올 때마다 했다. 그걸 듣는 무섭고 미친 사람은 조금 화가 났다. 그런 취급을 받은 것이 화났던 것이 아니다. 삼촌이 얼마나 힘든 상황에 놓여있는지 전혀 이해하지 못하고

르면 공용 냉장고에서 본인의 이름이 적힌 초코 우유 세 팩을 꺼내 왔다. "싸우지 마라. 서로한테 사과하고 악수하면 이거 하나씩 줄게." 폐쇄병동에서 초코 우유는 거의 유일한 중추신경계 흥분 물질이다. 맞는 비유인지는 모르겠지만, 체감상으로 교도소에서 담배를 쥐여주는 것이나 마찬가지일 것이다. 혜와 수는 항상 그 달콤함에 굴복했다. 삼촌이 나서면 몇 분 되지 않아 악수할 거면서, 왜 그렇게 싸워대는지. 하지만 나는 그들을 굳이 말리지 않았다. 걔네가 싸우면 왜인지 나에게도 초코우유가 떨어졌으니까.

삼촌은 흉터가 무척 많았다. 이마에는 찢은 것이, 손목에는 찢은 것이 있었다. 본인 말로는 허벅지가 가장 심하다고 했는데, 직접 보지는 못했다. 먼저의 것들 또한 그가 보여주려 한 것이 아니라 내가 몰래 본 것에 불과했다. 내가 느끼기로, 그는 그곳에고 말했다.

남고생 수는 종종 본인이 한번에 얼마까지 벌었는지 자랑하고는 했다. 삼촌은 "그건 번 게 아니고 딴 거지." 하고 말했다. 수는 "제가 얼마나 연구를 열심히 했는데요, 공부해서 번 거죠." 하고 말했다. 그래서 최후에는 얼마가 남았는지를 묻는 나의 질문에는 "마이너스 이천이요."라는 대답을 하며 머쓱하게 웃었다. 혜가 "와, 졸라 한심." 하고 말하면 수는 "어, 다음 도둑년."이라고 받아 쳤다. 그러고는 보호사가 올 때까지 소리를 질러가며 싸웠다. 실제 남매가 어떻게 싸우는 지, 그 과정을 한번도 본 적이 없었다. 꽤 궁금했었는데, 병동의 그들을 보며 혹시 저런 모습은 아닐까 하는 생각이 들었다.

삼촌은 그런 녀석들을 아주 잘 다뤘다. 슬하에 고등학생인 남매가 있다더니, 그런 상황에 무척 익숙해 보였다. 놈들이 싸우고 테이블 위에 정적이 흐

않는 사람이 서로인 것이 이유였다. 그 비정상 속에서 우리는 정상에 가깝기를 희망할 수 있는 인간들이었다. 서로 다른 모자람을 가진 우리는 같은 곳에 모였다. 그리고 각자의 나를 내놓았다. 정상의 범주에서 벗어난 인간들이 모여서 자해 방지용 스펀지가 붙어있는 원형 테이블에 둘러앉아 이야기를 나누었다. 우리는 어느 TV 프로그램보다 먼저 비정상 회담이라는 말을 썼다.

여중생 혜는 내게 "아저씨는 왜 죽고 싶어요?" 하는 질문을 자주 했다. 나는 "가장 살고 싶은 사람이 당장 죽고 싶은 사람이야."라는 말을 몇 번이나 해 주었지만, 그녀는 매번 그 말의 뜻을 잘 이해하지 못했다. 삼촌은 "종영이가 죽고 싶어 하는 건 네가 물건 훔치는 것과 비슷한 거야." 하고 말했는데, 그녀는 "난 내가 그걸 훔치는지도 몰랐어요." 하고 대답했다. 나는 "그래. 이번에는 잘 이해했네." 하보다 볕이 잘 들어서, 가끔은 거기서 살아도 좋겠다는 생각이 들기도 했다. 신발 끈이나 창문 밖만 보아도 항상 '죽을 수 있을까?' 하는 생각을 했던 내게는 굉장히 특별한 일이었다. 물론, 행복을 느낀 건 아니었다. 당시에 내가 먹던 약들은 꼭 모든 감정을 죽이는 것만 같았다. 식사 때에 맞춰 삼키는 그 약이 몸을 내달리듯 혈관을 타고 돌면 무엇도 기쁘지 않고, 무엇도 슬프지 않고, 무엇도 즐겁지 않았다. 그 안에서 내가 가장 많이 했던 생각은 '젠장. 담배 피우고 싶어.'였다.

그 따뜻한 소파에 앉아있으면 온갖 종류의 환자들을 마주한다. 도둑질을 일삼는 충동 조절 장애 여중생, 도박중독 남고생, 자해에 중독된 사업가. 물론 소리를 질러 대거나 환상을 보는 흥미로운 사람들도 있었지만, 나는 앞에서 언급한 셋과 특히 가깝게 지냈다. 그 안에서 정상적인 대화가 가능한 몇 되지 망상장애 환자 중 한 명은 투약 시간이 되면 꼭 난동을 피웠다. 본인이 조직폭력배의 간부라는 망상을 철석같이 믿던 그는 "형님이 알면 너희 다 죽어!" 하는 말을 하며 팔을 붕붕 휘두르곤 했다. 다행히 위협적인 몸집이나 싸움 실력을 갖추고 있는 것은 아니었기에, 매번 보호사 선생님에게 양팔이 구속되어 독방에 들어갔다. 그 모습을 지켜보던 내가 했던 망상은 '저 사람, 효과 빠른 주사형 안정제에 중독된 거 아냐?'였는데, 다음날 일반 병실로 돌아온 그가 무척이나 활기차게 행동하는 것을 보며 나도 한 번쯤은 난동을 피워볼까 싶은 생각이 들었다.

나는 그 조용하고 소란스러운 곳의 거실 역할을 하던 공용 공간을 좋아했다. 특히, 기다란 상아색 소파 위에 양반다리를 하고 앉아 햇볕 쬐는 일을 좋아했다. 조금 웃기지만, 그곳은 내가 지내본 어떤 공간제를 쓰죠." 하고 말했다. 취침 전 투약 시간에 받은 약 봉투 안에는 그전까지 먹던 형형색색의 알약들이 사라지고 하얀 것으로만 네 알이 들어 있었다. 새하얀 방 안에서 새하얀 옷을 입고 새하얀 약을 받아먹다니. 문득 '이게 정말 정신건강에 도움이 되는 걸까?' 하는 생각이 들었다.

사람들은 건설 현장 일용직인 내게 "그렇게 힘든 일을 어떻게 해요?" 하고 묻는다. 하지만, 내가 보았을 때 폐쇄병동의 간호사에 비하면 내가 하는 일은 그리 어려운 일도 아니다. 투약 시간이 되면 환자와(그것도 정신이 이상한) 일대일로 마주 본 채로 약을 손에 올려주고, 눈앞에서 약을 삼키는 것을 끝까지 지켜본다. 그러고 나면 입을 벌리게 해서 혀 아래, 잇몸과 볼 사이, 입천장에 약을 숨기지 않았는지 확인한다. 그리고, 단순한 우울증이 아닌 환자들은 대부분 그 행위에 비협조적이다.

이미

어느 날부터 아빠가 없었다. 아주 오래 전부터였다. 엄마는 그가 외국에서 돈을 벌고 있어서 돌아오지 못하고 있다고 했다. 언젠가는 선물을 한 아름 안고 돌아와 널 안아 줄 거야. 하고 말했는데, 정작 돌아왔던 그는 내가 잠든 밤에 도착했고. 아침에는 사골국 한 그릇에 쌀밥을 말아먹고 떠난 뒤 한참을 돌아오지 않았다. 그 직전 함께한 기억이자 그와의 첫 기억은 믹서로 갈아낸 마 한 컵을 입에다 털어 넣고 문밖을 나선 뒤 몇 년간 돌아오지 않은

촌은 아버지다운 아버지로 남기 위해 스스로를 다치게 했지만 그건 딱히 아버지다운 일은 아니었다. 어쩌면 우리에게도 아무것도 해결할 수 없는 일을 해야 할 때가, 아니, 하지 않으면 도저히 살 수 없을 때가 올 수 있다. 그것이 나를 위한 것이든 타인을 위한 것이든 무언가를 다치게 해서는 안 된다. 나와 내 사람을 지키기 위한 폭력이 나를 향해서는 안 된다. 당연히, 내 사람에게 향해서도 안 된다. 당연한 이야기를 늘어놓는 내가 우습게 느껴지겠지만, 우리는 이걸 우스워해서는 안 된다. 누군가는 한 발 잘못 디딘 일로 냄새나는 구덩이에 빠지기도 한다. 사람들은 생각 이상으로 멍청해서, 그게 자기 일이 될 거라고는 생각하지 못한다. 당신도 언제고 사고를 겪을 수 있다. 사고는 당신의 뇌리에 틀어박혀 고름을 내는 망할 상황이다. 그건 굳이 발을 내딛지 않아도 내달려 온다. 피할 수 있으면 피해 보든지.

데, 사실 난 누구보다 제정신이었다고 생각했거든. 그래서, 진짜 제정신이 아닌 건 가족을 패는 싸이코 새끼들이지 왜 죄책감에 스스로 벌을 주는 사람 보고 그러냐고 했더니 뭐라는 줄 알아? 가족들 눈물 흘리게 하는 건 똑같다고 하더라. 화가 머리끝까지 나서 미쳐버리는 줄 알았는데, 또 잠깐 생각해 보니까 맞는 말이더라고. 그래서 치료 잘 받겠다고 했지. 그리고 지금 하는 생각은 내 자해도 폭력이었다는 거야. 내게도, 가족에게도 말이야. 내 와이프는 피를 흘리는 나를 보고 얼마나 아팠을까?" 하고 말했다. 혜가 "그러면 다 삼촌이 잘못한 거라는 말이에요?" 하고 묻자, 삼촌은 "아니, 우리 아빠가." 하고 대답했다. 그는 이제야 제정신이 된 것처럼 보였다.

우리는 제정신이 아닐 때도 여전히 우리다. 삼

자해를 하고 있었다고 했다. 본인도 인지하지 못한 채로 홀린 듯이 벌인 일이라고 했다. 회사의 샤워실에서 피를 뚝뚝 흘리는 손목을 발견한 것이 마지막 기억이라고, 도시락을 가져온 아내에게 발견되어 응급실에서 치료를 받고 바로 입원 수속을 밟았다고 했다. 모든 것이 선로에 올라탄 기차처럼 움직였다고, 스스로를 조종하는 법을 잊었다고 했다. 담당 교수가 말하기로는 조종하는 법을 잊은 것이 아니라 조종하지 않은 것이라고 했다는데, 삼촌은 그 말이 맞는 것 같다고 했다. 말을 하는 이 순간도 자해 욕구가 솟는다고, 아침 약을 먹지 않았다면 분명 머리를 벽에다 들이박았을 것이라고 했다.

삼촌이 눈물 한 방울 섞지 않고 무미건조하게 그 말을 마쳤을 때, 우리 셋은 아무 말도 하지 않고 고개를 숙이고 있었다. 이어서 삼촌은 "교수는 내가 제정신이 아니었다는 걸 인지하고 인정하라고 하던고. 아이가 아팠던 것보다 백배는 내가 아파야 한다고. 한참을 울고, 머리를 찧고, 손목을 그었다고 했다. 죽으려는 생각은 없었다고. 단지 죗값을 받은 것뿐이었다고 했다.

그 뒤로 가족에게 손을 올린 일은 없었다고 했다. 그런데, 운영 중인 회사에 안 좋은 일이 있거나 본인이 책임져야 할 잘못이 있을 때면 꼭 자해를 하게 됐다고 했다. 나중에는 그 정도가 심해져서 술집의 잔을 깨트리고 난 뒤에 이마를 찧는 경우도 생겼다고, 계속되는 자해로 상처가 낫질 않으니 가족들에게는 거짓말로 변명했다고 했다. 어떻게 그 상처들을 숨겼는지 묻자, 이마에는 커다란 패드형 반창고를, 손목에는 붕대를 둘렀다고 했다. 자원 재활용 사업을 하는 그에게 다쳤다는 변명은 슬프게도 신뢰가 갔을 것이다.

그러던 어느 날에는 스스로 잘못한 것이 없는데

일이다. 그러니까, 당시의 내게 아빠는 무언가를 먹고 떠나는 사람이었다. 그는 내게 기대도 기대지도 못하게 하는 사람이었다. 정작 아빠가 선물을 안고 돌아오기를 바란 것은 엄마였을 것이다.

창밖으로 김밥을 내다 버렸다. 볼펜을 조립하는 부업을 본업으로 삼던 엄마가 공장에 출근하게 된 뒤로 처음 벌인 짓이었다. 아침을 먹고 나면 혼자 남을 나를 위해 엄마가 새벽부터 준비해 준 점심이었다. 첫날도, 이튿날도 남기지 않고 먹었더니 칭찬을 받았다. 그러다 어느 날은 돈가스가 먹고 싶었는데, 식탁 위에는 랩으로 덮여 있는 김밥 한 접시뿐이었다. 하나를 손으로 집어 입으로 가져오는데, 혀에 채 닿기도 전에 식초 냄새가 코를 찔렀다. 그 짜릿한 신 냄새에도 침은 돌지 않았고 입은 여전히 말라 있었다. 꾸역꾸역. 억지로 입에 집어넣어 씹었지만 결국 몇 개 삼키지도 못하고 질려버렸다. 아삭한 단무지의 식감도 쌀밥을 씹을 때 나는 은은한 단맛도 일곱 살의 입에는 아무 소용이 없었다. 남은 김밥을 우두커니 서서 바라보다가 이대로는 칭찬받지 못할 거라는 생각이 들었다. 방충망을 열고 남은 김밥을 창밖에 내다 버렸다. 엄마는 그날 저녁에도 내 머리를 쓰다듬었다.

내 편법은 고작 사흘 만에 꼬리가 밟혔다. 그리 꼬리가 길지 않았는데도 그랬다. 김밥을 버리는 장면을 들켰다든지 하는 어이없는 상황은 아니었다. 먼 과거부터 유용하게 쓰이고 있는 수사기법인 잠복수사에 당했다. 경비 아저씨는 화단에 떨어져 있던 김밥을 분명히 치웠다. 그러나 다음날 같은 위치에 또 김밥이 떨어져 있었다. 분노한 그는 이튿날 점심을 챙겨 먹는 것도 마다하고 화단에 서서 세대의 창문들을 올려다보았다. 그 와중에 나는 김밥을 밖으로 던졌고, 아저씨는 음식물을 투기하는 세대를 확정 지었고, 엄마가 오기를 기다렸겠지. 하늘에서 음식이 내리는 애니메이션의 한 장면 같았겠군, 물론 그때는 없던 영화지만.

당연히, 엄마는 나를 혼냈다. 아들을 먹이려고 일을 나가는데 정작 아들은 창밖에 쌀을 내다 버리고 있었으니, 화가 나도 단단히 난 모양이었다. 어릴 적의 나는 화가 나면 눈물을 참을 수 없었다. 내 앞에서 엉엉 눈물을 흘리는 당신을 보면서 나는 '어른이 되어도 똑같구나.' 하고 생각했다. 물론, 지금의 나는 아무리 화가 나도 울지 않는다.

기억 속의 공기에는 맛과 냄새가 있다. 화나는 기억은 뒤통수가 아플 정도로 매캐한 후추 냄새 같은 것이 난다. 혼나거나 해서 무서웠던 기억에는 보통 입이 말라 쩍쩍대는 단내가 난다. 그런데 이 기억 속의 냄새는 희한하게도 멍게나 해삼과 비슷한 냄새가 난다. 이건 보통 무척 슬픈 기억에서 나는 냄새다.

그 뒤로도 엄마는 몇 번인가 김밥을 쌌다. 전자레인지도 없던 그 시절의 가난한 가정집에서 일곱 살이 혼자 음식을 덥혀 먹을 수도 없는 일이니, 아마 엄마에게는 최선의 선택이었을 것이다. 그리고 그 외로는 옆집이나 두 개 층 위의 집에서 밥을 얻어먹었다. 엄마와 같이 볼펜 조립 부업을 하던 아줌마들의 집이었다.

나는 그 시절 여기저기 신세를 많이 지고 다녔다. 어떤 날에는 옆집 아줌마와 그 아들과 함께 어린이 대공원에 갔고, 심지어는 두 개 층 윗집의 가족 여행에 따라가기도 했다. 내가 그 가족과 친하고 또 어렸으니 혼자 남게 되는 일이 안쓰러워 그런 것도 있었겠지만, 아마 진짜 이유는 내 억지 탓이었을 것이다. 곤란 표정의 그들 앞에서 엉엉 울며 따라가고 싶다고 졸랐던 기억이 있으니까.

남의 가족여행에 따라간 날은 아직도 기억이 생생하다. 기차처럼 꾸며진 철판요리 전문점에서 그 집 딸과 사진을 찍었다. 눈앞에서 불이 솟고 양념이 끓으면서 조미료 향이 코를 찔렀다. 그건 내가 기억하는 첫 고기 요리다. 집에 돌아와서 엄마에게 음식 이야기를 주절주절 떠들었다. 엄마, 그 고기 진짜 맛있었어요. 그리고 피망도 맛있었고요. 다음에 우리도 가요. 하고. 내 이야기를 듣는 엄마의 표정은 분명 푸근했는데, 어쩐지 분위기는 축축하게 젖어 있었다.

다음 날 저녁에는 엄마가 평소보다 빨리 들어왔다. 한 손에 든 비닐봉지에는 이것저것 잔뜩 장을 본 모양새였다. 집에 들어오자마자 나를 끌어안고 놓아주지 않던 엄마는 이내 봉투에서 재료를 꺼내 손질을 하기 시작했다. 한참을 요리한 끝에 내 앞에 놓인 저녁 메뉴는 특별할 것 없는 간장 불고기였다. 흰 쌀밥 위에 잘게 자른 고기를 얹어 주는 엄마.

"맛있제?"
"네!"
"어제 먹은 고기보다 맛있제?"
"네!"
"아이고 내 새끼. 사랑해~"

그건 내가 기억하는 두 번째 고기 요리였다.
그리고 내가 기억하는 첫 번째 사랑한다는 말이다.

그리고 얼마 되지 않아 우리는 아주 작은 집으로 이사했다. 초등학교 2학년이었던 내가 느끼기에도 좁았던 집이었다. 더 바빠진 엄마는 아빠 이야기를 하지 않게 됐다. 대신에 나에게 사랑한다는 말을 자주 해주었다. 오지도 않을 선물 따위를 기다리던 때보다 훨씬 좋았다. 이미 우리는 서로가 가장 큰 선물이었다.

어금니와 크라운

왼쪽 어금니에 시술받았던 도자기색 인레이가 빠졌다. 몇 주 전부터 종종 들리던 빠득빠득하는 소리 때문에 곧 깨지지 않을까 하는 불안감이 있었는데, 아니나 다를까 잠깐 방심한 사이에 보철재가 쑥 빠져버리는 일이 일어난 것이다. 손바닥 위에 뱉은 검은색 천연고무 사이에 붙어있는 누런 치아 모형. 그러니까, 운전을 하면서 레몬 맛 풍선 껌을 씹다가 생긴 일이었다. 오, 이런. 신도 무심하시지 (딱히 믿지는 않지만). 내게 왜 이런 시련을 주시나

이까? 지난달에는 지게차 바퀴로 휴대전화를 부수시더니 이번 달에는 껌으로 치아 보철입니까? 제 카드 할부와 인내심의 한도를 동시에 시험하시는 겁니까? 하고 하늘을 향해 외치고 싶었는데, 당시 조수석에 앉아있던 민 때문에 그러지 못했다. 그저 "좀 당황스럽네요." 하고 말하고 난 뒤에 깔깔하고 크게 웃었다. 민은 크게 놀라며 내게 "아프지는 않아요? 진짜 어떡해." 하고 말했다. 상황에게 덮쳐진 나보다 더 당황한 민을 보니 어쩐지 마음이 편해졌다.

보철 치료를 받은 후에는 그 치아 주변이 불편하다고 느낀 적 없다. 심지어는 이에서 소리가 나기 시작한 뒤로도 통증이나 시린 증상을 겪은 적이 없었다. 그런데 그 망할 보철물이 빠져버린 뒤로는 이야기가 달랐다. 수시로 어금니와 잇몸이 파들파들 시렸다. 그래도 입속에 아무것도 넣지 않고 두면 그 사실을 잊을 정도로 괜찮아지고는 했는데, 그 탓에 평소처럼 찬물을 마시다가 찌르르하는 통증에 볼을 문지르는 일이 잦았다. 몇 년을 함께 해오던 것이 갑자기 사라지니 외롭기라도 했던 것일까? 어금니의 슬픈 마음을 달래기 위해 뜨끈한 만두전골을 먹어 주었다. 신기하게도, 아무런 문제도 생기지 않았다. 아, 좀 끼긴 했지만. 역시 외로운 마음에는 국물이다.

사달이 난 것은 주말이어서 바로 치과에 갈 수가 없었던 탓에 월요일에 진료 예약을 했다. 작년 1월쯤에 치석 제거를 받은 이후 처음으로 가는 치과였다. 치아에서 가슴으로 서서히 번지는 공포심이 새삼스러웠다. 오히려 어렸을 땐 무섭지 않았는데. 아무래도 내 돈으로 치료받는 게 아니었으니까. 건설 일용직의 급여가 적은 것은 절대 아니지만 치과 치료가 저렴하게 느껴지지는 않는다. 이제는 이를 갈아내는 드릴보다 이를 갈게 되는 카드 고지서가 더 무섭다.

정신을 차리고 보니 누워있던 녹색 전동의자. 그

위에서는 누구라도 얌전해진다. "아 해보실게요. 더 크게요. 아프면 말씀하세요." 제가 턱관절이 안 좋아서 이미 아픈데요. 하는 말은 삼킨, 아니 침도 삼키지 말라고 해서 못 삼키고 그냥 가슴에 묻어두었다. 내 치아를 살핀 선생님은 내게 물 양치를 권함과 동시에 모니터에 사진을 띄운다. "인레이가 깨진 틈으로 음식물이 들어가서 못 나왔나 봐요. 안에서 썩었는지 충치가 꽤 심하네요. 보철물은 새로 해야 하고요. 신경치료 여부는 썩은 치아를 갈아 내봐야 알 수 있을 것 같아요. 아, 사랑니는 4개 다 매복인데. 저희 병원에서는 치료가 안 되고요. 사랑니 전문 병원이나 대학병원에 가서 진료받아 보셔야 할 것 같아요. 엑스레이상으로는 사랑니 뿌리랑 턱뼈가 붙어 있는 것 같아서요." 음, 선생님. 그건 뭐죠? 신종 사형선고인가요? 하는 말은 다행히 침과 함께 삼켰다. "엑." 하는 못생긴 비명은 뱉어버렸지만.

이번 충치를 갈아내고 나면 치아가 얼마 남지 않게 되어서 크라운이라는 방식의 보철물을 씌워야 한다고 했다. 멀쩡한 치아까지 갈아내야 한다는 점이 마음에 걸렸지만, 이번에 인레이를 시술하면 잔존 치아가 너무 적어서 보철물이 또 빠질 수 있다고 겁을 주는 바람에 "크라운으로 할게요." 하고 대답해 버렸다. 보철물의 재질을 치아 색과 금 중에 선택하게 해 주었을 때는 금으로 마음이 기울었다. 왜냐면 금니는 멋있으니까. 급하면 전당포에 팔 수도 있고. 그런데 상담 선생님은 "아무래도 젊은 분들은 미관 때문에 치아 색으로 많이 해요. 강도도 많이 차이 나지 않아요. 어금니에 씌우는 금니는 보기도 싫고, 무겁거든요."라고 말했다. 나는 반박하고 싶은 마음이 굴뚝 같았지만 "치아 색으로 하겠습니다." 하고 대답했다. 절대 내 센스가 구린 걸 들키고 싶지 않아서가 아니다. 전문가의 말은 듣는 것이 바람직하다고 생각했기 때문이다.

 마취를 하고, 치아를 갈아내고, 본을 뜨고, 임시 치아를 씌웠다. 이를 꽉 물어도 윗니가 아랫니에 닿지 않았다. "임시치아로는 음식 씹지 마세요. 방금처럼 꽉 물지도 마세요." "에." 마취가 덜 풀린 혀 때문에 발음이 잘되지 않았다. 마취는 저녁을 먹을 때까지도 전혀 풀리지를 않아서 밥상에다 밥풀을 죄다 흘렸다. 심지어는 맛도 잘 느껴지지 않았다. 그러다 잠들기 직전에 마취가 풀려서 밤새 잠을 자지 못했다. 그래서 출근도 하지 못했다. 진짜. 가기 싫어서 안 간 게 아니고. 진짜로.

 시원하게 하루를 쉬어 버리고 출근한 날. 함께 일하는 형님들에게 임시치아를 자랑했다. "나는 임플란트가 7개여." "난 이빨 지금 여섯 개 없는데." "돈 벌어서 뭐하는겨! 이빨 좀 해느랑께!" "얼마하드

노? 그 돈이므는 막걸리가 몇 병이고?" 번데기 앞에서 주름잡기. 대부분이 60대, 어려도 40대인 그곳에서 자랑하기에 적합한 것이 아니라는 사실은 조금 늦게 깨달았다. 심지어 어떤 형님은 거의 다 내려앉은 잇몸에 붙어있는 이를 보여주며 "내는 이빨 다 내 끼다. 내가 이빨은 참 좋게 태어났다."라고 자랑스럽게 말했다. 그래도 그 자랑 아닌 자랑을 한 것이 다행이었다. 식사를 늦게 마쳐도 뭐라 한마디 하는 사람이 없었으니까.

그날 오후 일과는 무한의 망치질이었다. 양생이 끝난 콘크리트 바닥 위에 방습판을 깔고 한 번 더 콘크리트를 타설하는 일명 '누름' 구간을 막기 위한 작업이었다. 이미 기준강도 이상으로 굳어버린 콘크리트 바닥에 못을 박아 목제 거푸집을 고정해야 했다. 망치질이 서툴면 열 시간을 줘도 못 하나를 제대로 박지 못한다. 습도와 온도, 분위기를 느끼며 망치를 정확하게 내려쳐야 한다. 무작정 내려쳤다가는 사고가 날 수도 있다. 콘크리트용 못은 잘못 때리면 부러지며 튕겨 나간다. 안구에 못대가리가 튀어서 실명한 사례도 적지 않다. 무작정 내려쳐선 안 되지만, 힘은 강하게 주어야 한다. 이를 꽉 깨물고 온 힘을 다해서. 못을 친다는 느낌보다는 바닥을 깨부숴 버리겠다는 느낌으로. 근데 또 정확하게. 또 망치의 무게를 이용해서. 또 스냅을 줘서. 그러지 않으면 못을 끝까지 박을 수 없다. 못을 끝까지 박지 않으면 거푸집이 쓰러지고, 시멘트가 바닥으로 쏟아진다. 그 모든 책임은 목수가 진다. 몇 톤의 시멘트를 삽으로 퍼내기 싫다면 못을 끝까지 잘 박아야 한다. 글을 쓰는 일과 크게 다르지 않다.

그래서 나는 이를 꽉 물고 망치질을 했다. 병원에선 손목 수술을 하라고 하던데, 정신없이 일을 하다 보면 어느새 통증이 사라져 있다. 그건 이도 마찬가지였다. 작업을 마치고 옷을 갈아입을 때가 되자 익숙한 손목 통증과는 다른 아픔이 왼쪽 볼에서 일었다. 그 부위를 열심히 사용할 땐 모르다가 다 끝나고 나서야 아프다니. 꼭 사랑 같다고 생각했다. 한 번도 아픈 적 없던 사랑니까지 괜히 아픈 기분이 들었다.

임시치아는 역시 임시일 뿐이었다. 잠들 밤이 되자 그 존재 자체가 무의미해지는 느낌. 원래 함께하던 친구를 잃은 내 왼쪽 어금니는 엉엉 울 듯 벌벌 떨리게 시렸다. 임시치아가 곧 떠날 녀석이라는 걸 걔도 안 걸까? 결국 잠시 머물렀다 떠나가는 무언가는 위로가 될 수 없는 걸까? 하지만 네 주인은 이미 너무 많은 걸 알아 버렸어. 세상만사 모든 것들이 잠깐 머물렀다 가는 거거든. 그래서 잠시인 걸 알아도 그것들에 기대는 수밖엔 없어. 너도 그걸 알아야 해. 내 말을 들은 어금니는 한참이나 더 시리더니 결국 잠에 들기 직전에는 괜찮아졌다. 내 말을 되새기다 결국 어느 정도는 수긍한 모양이었다.

　시도 때도 없이 시려오는 이를 어르고 달래 가며 일을 했다. 하루하루 지날수록 녀석이 안정되어 가는 것이 느껴졌다. 그리고 아예 괜찮아졌을 때쯤이 되어서 치과에 다시 방문했다. 임시치아를 씌운 지 일주일이 되는 날이었다. "오늘은 임시치아를 벗기고 크라운을 씌울 겁니다." 아, 그런가요. 제 어금니는 또 친구를 잃게 되는 거군요. 하는 말은 하지 못했다. 이미 입을 벌리고 있는 상태로 들은 말이었으니까. 벗겨지는 임시치아. 기계가 가볍게 쏘는 바람에도 시려오는 어금니. 겨우 친해진 친구를 잃은 슬픔에 벌벌 떠는 모양이었다.

　크라운을 씌우는 데는 꽤 오랜 시간이 걸렸다. 나의 까탈스러운 요구 탓이었다. "좀 끼는데요." "아직도요." 어쩜 그리 꽉 끼는지, 시간이 흘러도 불편한 건 아닐까 하는 생각이 들었다. 몇 번이나 계속되는 나의 절삭 요구에 지친 선생님은 "치실 잘 들어가고요. 시간 지나면 편해지실 거예요. 며칠 지나도 불편하시면 다시 오시고요." 하고 말했는데, 어쩐지 믿음이 가질 않았다. 아, 난 인레이가 더 편했던 것 같은데. 이거 너무 끼는데.

무이자 할부가 사라지고 있는 시대지만 다행히 치과에는 3개월 정도의 아량이 남아있었다. 이걸 한 번에 냈으면 치아를 고치고서 음식을 못 살 뻔했어요. 하는 농담이 떠올랐지만, 입 밖으로 뱉지는 않았다. 농담같이 느껴지지 않을 것 같아서였다. 결제를 마치고서는 바로 양주시를 향해 운전했다. 어금니는 하룻밤을 쉬어야 했지만 나는 아니었다. 녀석이 새 친구와 잘 맞는지 확인하기 위해서는 음식을 먹어야 했고. 음식을 먹으려면 일을 해야 했다. 그러나 놀랍

계도, 양주에 도착하기도 전에 크라운은 완전히 자리를 잡았다. 끼는 듯한 불편함이나 다른 치아와의 이질감 따위도 순식간에 사라졌다. 어금니는 "인레이 따위 생각도 안 나요." 하고 말하는 듯했다. 심지어, 턱을 사용해 딱딱 소리를 내며 치아를 부딪쳐도 아무 이상이 없었다. 다음날의 점심 메뉴는 제육볶음이었고, 어금니와 크라운은 그것마저 완벽히 분쇄해 냈다. 그러니까, 내 어금니는 천생연분을 만난 것이다. 깨져 갈라진 인레이 때문에 너무너무 아파했지만, 크라운과 만나기 위해 많은 고생을 했지만, 한동안은, 어쩌면 아주 오래 건강하고 행복한 삶을 살게 된 것이다.

우리는 계속 자야 하고 또 깨어나야 하므로 새로운 것보단 익숙한 것을 원한다. 익숙한 것이 온전하고 모자라지 않다면 새로운 것으로 바꾸는 일은 어리석은 일이다. 하지만, 깨지고 썩은 것을 곁에 두고 보듬는 일은 그보다 더한 바보짓이다. 새것도 언젠가는 낡는다. 올봄의 새싹은 겨울이면 말라 바스러질 것이다. 관계나 사랑만은 그러지 않기를 바라지만 어쩌면 한철 꽃보다 빠르게 삭아버릴 수 있는 것들. 그러나 그것들은 삶에 쌓여 다른 사랑의 양분이 된다. 그것만큼 인생에서 값진 죽음은 없다. 그럼에도 나는 어리석다. 지금 가진 치아들이 영원하길 바란다. 지금 가진 사랑들이 영원하길 바란다. 지금 가진 당신들이 떠나지 않길 바란다. 사실은 나도 어금니와 다르지 않다. 그대들이 갑자기 사라진다면 엉엉 울어 부어버린 얼굴로 시린 밤을 보낼 것이다.

예상하지 못한 순간에 썩어버린 인레이처럼 떨어져 나갈지도 모른다. 그래서 오늘도 양치를 하고, 웃음을 나눈다. 이를 꽉 깨물고 망치를 내려치는 순간처럼 당신들을 아껴야 한다는 사실을 잊고 마음대로 휘두르는 날들도 있겠지만, 그것마저 곁에 있기에 가능한 일이기에 안도한다. 나는 끝마치고서야 아파오는 일을 많이 안다. 그 일들은 나를 아끼고, 아픈 것을 아끼게 한다.

이제 내 관계에 생니는 별로 없다. 죄다 무언가 사라진 자리를 다시 채운 것들뿐이다. 근데 삶을 채우는 건 돈으로 되는 게 아니어서, 금색인지 치아 색인지 내가 고를 수 있는 게 아니어서. 지금의 당신들이 고맙다. 쉽게 썩지 않을 것 같아서, 색은 다양하지만 하나같이 마음에 들어서 무척이나 기쁘다. 생니 대신 자리 잡은 견고하고 아름다운 크라운. 하나하나 정성스러운 칫솔질을 해야겠다. 웃음을 나누어야겠다. 울음을 나누어야겠다. 인레이가 어떤 모양이었는지 기억나지 않는다.

김중명

작가소개

낮에는 건물을, 밤에는 글을 짓습니다.
지은 책으로는 <뭐 좋아하세요?>와 <발자국을 버리며>가 있습니다.

Instagram @iam_notend

삶과 사랑 사람과 상황

삶과 사랑 사람과 상황
STORAGE BOOK & FILM series #13

글 **김종영**

편집 **오종길**
디자인 **김현경**

펴낸곳 **STORAGE BOOK AND FILM**
홈페이지 **storagebookandfilm.com**
이메일 **hbcstorage@gmail.com**

instagram **@storagebookandfilm**

초판 1쇄 **2023년 5월 26일**
초판 2쇄 **2025년 9월 12일**

*이 책의 내용의 전부 또는 일부를 재사용하려면
펴낸곳을 통해 저작자의 동의를 받아야 합니다.